Gudrun Ensslin
»Zieht den Trennungsstrich, jede Minute«

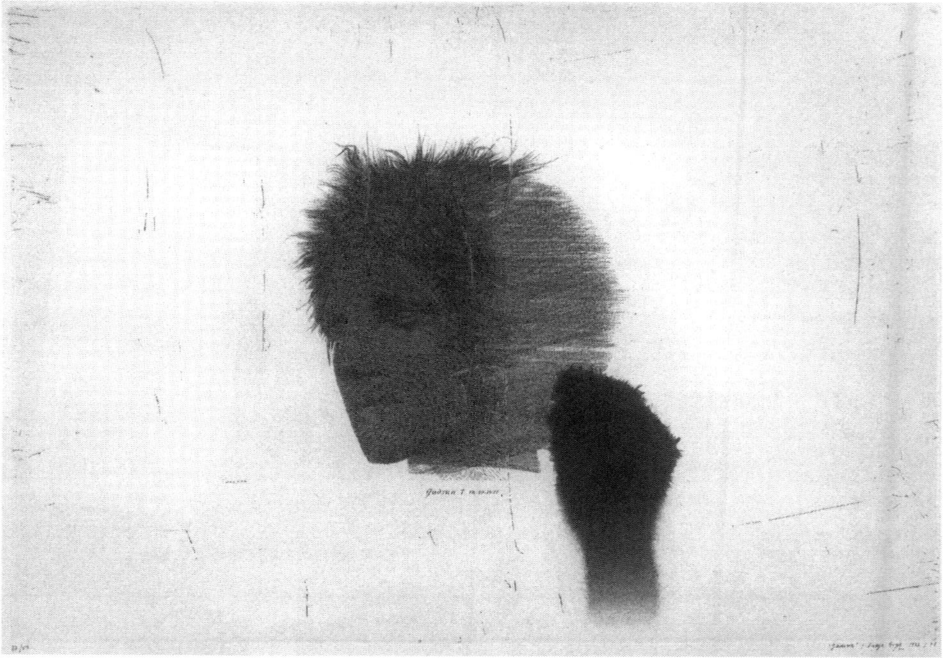

Sonja Hopf, *Gudrun,* 1977/78. Radierung, 60x80 cm

Sonja Hopf wurde 1940 auf Sylt geboren, sie lebt und arbeitet in Paris. 1971 traf sie in Rom Gudrun Ensslin. Mit der Arbeit an dieser Radierung begann Sonja Hopf 1977 und vollendete sie 1978, nach dem Tod von Gudrun Ensslin

Gudrun Ensslin

»Zieht den Trennungsstrich, jede Minute«

Briefe an ihre Schwester Christiane und ihren Bruder Gottfried aus dem Gefängnis 1972–1973

Herausgegeben von Christiane Ensslin und Gottfried Ensslin

Der Verlag und die Herausgeber danken Felix Ensslin für die freundliche Abdruckgenehmigung der Briefe seiner Mutter Gudrun Ensslin.

Umschlaggestaltung: Peter Albers
Umschlagfoto: dpa, Frankfurt am Main
Satz: satzbau GmbH, Hamburg
Druck: Clausen & Bosse GmbH, Leck
ISBN 3-89458-239-1
www.konkret-literatur-verlag.de

Inhalt

Vorwort

»Meine wirklichen Geschwister sind Thomas Weissbecker und Georg von Rauch.« Mit diesem Satz betonte unsere Schwester Gudrun Ensslin den existenziellen Bruch mit Herkunft und Bürgerlichkeit, den der bewaffnete Kampf für sie bedeutete. Um so mehr müssen die Briefe erstaunen, die wir in den beiden Jahren 1972 und 1973 von ihr erhalten haben. Sicherlich ist diese Korrespondenz vor allem dem Umstand zu danken, daß Besuchs- und Schreiberlaubnis nur auf engste Familienangehörige beschränkt wurden. Dieses Kontaktminimum nutzten die Behörden einerseits, um den Bruch der RAF-Gefangenen mit ihrer Vergangenheit rückgängig zu machen und sie auf ihre Familien »zurückzuwerfen«, sie »weichzukriegen« und andererseits, um ihrem »Ermittlungsnotstand« abzuhelfen. Dieser Umstände bewußt, reagierte Gudrun sowohl realistisch wie widerständig, indem sie auf ihre Familie zuging, den Briefwechsel aber zugleich als Mittel zu politischem Disput, zur Agitation und zur Diskussion über die Notwendigkeit von Emanzipation benutzte.

Obwohl unsere eigenen Briefe verschollen sind und sich ihr Inhalt nur in Gudruns Antworten reflektiert, wird in diesem politischen Dialog schnell ein Gefälle deutlich: Wir sind es, die von Gudrun agitiert werden. Diese Autorität akzeptierten wir, da wir zwar auch in »kleineren Zusammenhängen« aktiv waren, sie dagegen mehr politische Erfahrung und Praxis hatte und mit vollem Einsatz kämpfte.

Was die Briefe aus unserer Sicht auszeichnet, ist ihre begriffliche Schärfe und Veranschaulichungskraft, mit der Gudrun die marxistische Analyse der gesellschaftlichen Totalität mit den Einzelheiten der erfahrenen Umgebung verknüpft und umgekehrt. So werden Knastalltag und Knaststruktur, Zweck und Wirkung der Behördenrepression, aktuelle Politik, aber auch Familienbiographisches präzise als Indizien beschrieben, die den gesellschaftlichen Gesamtzusammenhang sichtbar werden lassen.

Das Ergebnis dieser hellwachen Semantik ist, daß die alltäglichen Erfahrungen mit Bedeutung aufgeladen werden, was ein verändertes Lebensgefühl, einen Politisierungsschub bewirkt. Sie selbst nennt es den »24-Stunden-Fick«. Als diese verschärfte Sichtweise auf uns und unsere eigene Lebenspraxis abzufärben begann, hatten wir anfangs Schwierigkeiten, diese Schärfe in unsere eigene tägliche Praxis zu übertragen, bekamen jedoch eine Ahnung davon, was Gudrun selbst motivierte und wie sie ihre extreme Situation bewältigte.
In unserem eigenen Umfeld entdeckten wir, daß durch diese genaue Benennung von Dingen, die Zuspitzung von Widersprüchen und das Drängen auf praktische Veränderung eine Überzeugungskraft entsteht, die Bewegung in Unbewegliches bringt und Grenzen verschieben kann. Wir stießen aber auch auf verschiedene Grenzpunkte, an denen wir mit uns selbst und anderen nicht mehr weiterkamen, doch wirkt diese Erfahrung einer einmal veränderten Perspektive bis heute nach. Was die gesamte politische Situation anging, konnte allerdings keine subjektive Anstrengung etwas daran ändern, daß der Funke damals nicht auf die Massen übersprang wie im Pariser Mai '68. War es schon aufgrund der Zersplitterung der Linken nach '68 nicht möglich, eine allgemeine und grundsätzliche Debatte über den subjektiven Willen zur Revolution einerseits und die Chance ihrer Verwirklichung zu einem konkreten historischen Zeitpunkt andererseits zu führen, so war es das für uns mit Gudrun vor den Augen und Ohren der Zensur und des BKA schon gar nicht. Sie hätte einen solchen Versuch unsererseits auch bestimmt eine »Sozialarbeiterunverschämtheit« genannt.
Daß die hier abgedruckten Briefe aus der Zeit kurz nach ihrer Verhaftung datieren und die Korrespondenz, zumindest in dieser Intensität, auf eine kurze Spanne begrenzt ist, hat naheliegende Gründe. Mit den anderen fast zeitgleich verhafteten Mitgliedern der RAF von ihrem bisherigen Aktionsfeld abgeschnitten, versucht sie, sich möglichst schnell auf die Haftsituation einzustellen und sie voll zu nutzen. Sie orientiert und positioniert sich neu, Theorielücken werden geschlossen, und die Logistik wird sozusagen auf die persönli-

chen Bedürfnisse in der Haft umgestellt, was in den Briefen an Christiane breiten Raum einnimmt und wobei das bei ihr besonders ausgeprägte Familiengefühl für Stil und Qualität zum Ausdruck kommt.
Sie sitzt auf »unruhigem Arsch« in ihrer Zelle, und das erklärt das Atemlose, das Stakkato in ihren Briefen, das uns zum »Abbruch der Allmählichkeit« drängen soll, um ihren Kampf draußen fortzusetzen. Diese sich steigernde Intensität kann naturgemäß nur zeitlich begrenzt sein, weil sie zielgenau den Punkt ansteuert, an dem wir uns entscheiden sollen, mitzukämpfen oder nicht.
Trotz dieser Unruhe geht sie mit Geduld und Genauigkeit auf die politische Entwicklung ein, wie sie sich 1972 präsentiert. Die 68er-Bewegung hat sich aufgefächert in reformistische Rückzügler, orthodoxkommunistische Splittergruppen, die hartnäckig das Proletariat umwerben, und neulinke Ansätze, die bei sozialen Grundbedürfnissen (Häuserkampf, Nahverkehrspreise) oder bei sozialen Identitäten (Frauen-, Schwulenbewegung, Heimzöglingskampagne) anknüpfen. Sie diskutiert aber auch aktuelle Arbeiterkämpfe wie den Druckerstreik vom Herbst 1973, um den Konflikt zwischen Gewerkschaftsführung und Basis exemplarisch als den zwischen Reformismus und Revolution zu analysieren.
Sie hatte sich 1969 an der »Staffelberg-Kampagne« beteiligt, während der Heimzöglinge aus ihren Anstalten ausbrachen und sich in Gruppen organisierten. Das und die Passivität der Mehrheit der Arbeiterschaft beförderte die Diskussion einer sogenannten Randgruppenstrategie, die auf Herbert Marcuse zurückgeht und eine Umwälzung der Gesellschaft durch die von Repression besonders betroffenen Minderheiten anstrebt. Vor diesem Hintergrund diskutiert sie mit ihrem Bruder Gottfried über die Schwulenbewegung. Ihre grundsätzliche Sympathie für die neulinken Ansätze beweist, daß die Kritik an den Mitgliedern der RAF fehlgeht, sie seien orthodoxe Kommunisten, gar Stalinisten. Gleichzeitig wird aber deutlich, daß sich die Gruppe im Knast ideologisch fest im marxistischen Denken verankert.
Es zeugt von Gudrun Ensslins großem Selbstbewußtsein,

daß sie, der mit ihrer Gruppe von vielen Seiten der Vorwurf gemacht wird, sie maße sich voluntaristisch die Rolle einer selbsternannten Avantgarde an, in beiden Korrespondenzen ausgerechnet folgende Aussage von Marx für sich reklamiert: »Es handelt sich nicht darum, was dieser oder jener Proletarier oder selbst das ganze Proletariat als Ziel sich einstweilen vorstellt. Es handelt sich darum, was es ist, und was es diesem Sein gemäß geschichtlich zu tun gezwungen sein wird« (Marx, »Die heilige Familie«). Die »subjektivistische« Gruppe sucht sich zur eigenen Rechtfertigung einen besonders »objektivistischen« Marxschen Satz aus. Wie sie zu der Überzeugung kommen konnte, die Strategie des bewaffneten Untergrunds, die Eröffnung einer militärischen Front, müsse objektiv notwendiger Bestandteil einer Vorbereitung der Machtfrage sein, wird durch die Entwicklung direkt nach den Ereignissen von 1968 deutlich. Die Frankfurter Kaufhausbrandstifter fallen aufgrund ihrer Verurteilung zu hohen Haftstrafen nicht unter die von der sozial-liberalen Regierung verkündeten Amnestie, die vielen '68ern die Strafe für kleinere Demonstrationsvergehen erläßt und sie damit für den Reformismus zurückgewinnen will und kann. Daß Andreas Baader und Gudrun Ensslin hier außen vor bleiben, muß für sie ein Schlüsselerlebnis gewesen sein. Sie haben diese Ächtung offensiv für sich als Ritterschlag gedeutet, weil sie überzeugt davon waren, daß sie durch ihre Militanz die Sollbruchstelle des Systems gefunden hatten, die antiautoritäre Revolte von revolutionärem Kampf trennt.

Bei aller berechtigten und notwendigen Kritik an der RAF, die scheitern mußte, weil sie falsche Militanz zum falschen Zeitpunkt einsetzte, sollten moralische Urteile doch den historischen Kontext nicht unberücksichtigt lassen: Anfang der 70er Jahre herrschen in Spanien und Portugal Diktatoren, in Griechenland wütet eine faschistische Militärjunta, in Vietnam eskaliert der mörderische Krieg der USA und 1973 wird in Chile mit Unterstützung der USA eine demokratisch gewählte Linksregierung liquidiert. Die BRD ist integraler Bestandteil dieses imperialistischen Gesamtzusammenhangs, und so wird die Wut und der Haß derer verständlich, die dagegen eine antiimperialistische Front aufbauen wollen. Der Staat, der das zum Anlaß für eine in der BRD-Geschichte beispiellose polizeiliche Aufrüstung nimmt und mit innerstaatlichen Feinderklärungen ein Angstklima der Repression erzeugt, schließt den Raum öffentlicher Debatte und lässt erkennen, wie schwach seine demokratischen Fundamente sind.

Für viele war die RAF nach 1989 nur noch ein abgehaktes Thema, eine Episode und lästige Fußnote einer doch so erfolgreichen BRD-Geschichte. Aber das erwies sich als voreilig. Einerseits hat die Gesellschaft (die Medien ganz besonders) sich bisher nicht offen damit auseinandergesetzt, wie sehr sie sich im Deutschen Herbst 1977 durch staatliche Repression mundtot machen und gleichschalten ließ. Andererseits sind, da Grundwidersprüche wie der zwischen Reichtum und Armut aktueller sind denn je und sich weiter zuspitzen, die Personen der RAF klammheimlich zum festen Bestandteil politischer Folklore, zum Objekt von Kunst geworden, weil sie Chiffren und Symbole für Wut und Widerstand sind.

Der Protest gegen den »Mythos RAF« wird das nicht rückgängig machen können, weder pauschale Verdammungen noch beflissene Expertisen aller möglichen Fachrichtungen, die das Phänomen RAF dingfest machen und neutralisieren wollen. Gerade deshalb ist aber auch die Genauigkeit und die Schärfe dieses Bildes unserer Schwester von Bedeutung für seine richtige Wirkung, und wir meinen, daß ihre Originalstimme ein taugliches Mittel dafür ist.

Christiane Ensslin
Gottfried Ensslin
Januar 2005

Editorische Notiz

Die Schreibweise und Interpunktion der Briefe haben wir direkt übernommen und nur insoweit verändert, daß der Sinnzusammenhang klar wird. Für den Leser mag es anfangs schwierig sein, sich an Gudrun Ensslins assoziative Denkweise zu gewöhnen. Doch man sollte sich daran erinnern, daß damals viele Schreibstilexperimente unternommen wurden. Auch markiert der Übergang von Hand- zu Maschinenschrift in ihren Briefen die Entwicklung der für die RAF so typischen Kleinschreibung.
Wir haben einige Stellen aus Rücksicht auf lebende Personen gestrichen.

Zu danken haben wir für ihre Unterstützung bei der Recherche zu den Anmerkungen und bei der Bearbeitung der Fotos: Jörg Hauenstein, Klaus Jünschke, Dieter Schröder, Reinhart Schwarz und Hanne Wellmann.
Sonja Hopf danken wir für die Erlaubnis, ihre Radierung in diesem Buch veröffentlichen zu dürfen.

Briefe an Christiane Ensslin

17.6.1972 – beschlagnahmt – erhalten 1981 (1)

Liebe Christiane
was mir einfällt, nachdem ich alles, was Du gesagt hast, nochmal bedachte: wenn Du was tun willst (z.B. Information schon mal), fahr' mal nach Berlin zur »Roten Hilfe« (rh) (2), Adresse weiß ich nicht, über die Anwälte zu erfahren, telefonieren am einfachsten, sieh' mal, was die machen, hilf ihnen bei ihrem schwierigen Job. Allerdings mußt Du Dir klar sein: es ist eine Organisation, an deren Ausrottung die Schweine (3) in Bonn/Karlsruhe/Berliner Senat bestimmt mit Eifer denken. Es könnte also auch Dich in Unannehmlichkeiten bringen, mit denen zu tun zu haben, in Deinem Job, Gewerkschaften. Sie geben auch ein Info raus, in dem wichtiges Zeug steht; rh's gibt's auch in Hamburg und München, vielleicht auch in Köln (ziemlich sicher sogar), aber abgesehen davon, daß sie bei ihrer konkreten Arbeit alle dringend Unterstützung brauchen, kriegst Du am Beispiel Berlins sicher am schnellsten was raus.
Versteh' mal, daß ich gestern nur eines wollte: Klarheit in unsere Beziehung bringen, unser Verhältnis endlich zu einem politischen machen, und klar, wenn das möglich ist, wär' ich doch nur froh darüber.
Es gibt 'ne Menge Bücher, die vermitteln, was wir versuchen, erstmal die Sachen, die die RAF verfaßt hat: das 1. Papier: »Konzept Stadtguerilla« (im Wagenbach Rotbuch über Stadtguerilla abgedruckt und noch nicht verboten); das 2. Papier: »Stadtguerilla und Klassenkampf«; dann gelbe Reihe Hanser: »Tupamaros« (4); Rowohlt gelbe Reihe enthält Marighela (5), dann noch Fanon »Verdammte dieser Erde« (6) (Suhrkamp, überhaupt alles von Fanon); Black Panther-Sachen, Bobby Seale (7) (Fischer?), und George Jackson (8) (März) »In die Herzen 1 Feuer« und wichtig, aber mühselig zusammen zu kriegen, alle möglichen Infos über Palästinen-

ser, Koreaner, über die Polarisierung in der italienischen und französischen Linken, wirklich, irgendjemand in der »rh« hilft Dir dabei bestimmt, und die Schwierigkeiten, auf die Du zwangsweise stoßen wirst, sind objektive.

Herzlich Gudrun

(1) Der Generalbundesanwalt beim Bundesgerichtshof, Dr. Bell, hat am 12.06.1972 in Ausführung des BGH-Beschlusses vom selben Tag (siehe Anhang), »... obgleich sich die Beschuldigte in Strafhaft befindet«, angeordnet, »... daß die Kontrolle der an die Beschuldigte gerichteten und von ihr abgehenden Postsendungen vom Ermittlungsrichter II des Bundesgerichtshofes (Dr. Knoblich, C.E.) ausgeübt und die Genehmigung von Besuchen von ihm erteilt werden ... Zur Gewährung der sicheren Unterbringung der Beschuldigten beantrage ich, den Brief- (ein- und abgehende Post) und den Besuchsverkehr auf die Angehörigen der Beschuldigten Ensslin zu beschränken.«

(2) Die Rote Hilfe Deutschland entstand zu Beginn der 20er Jahre, um für revolutionäre Arbeiterinnen und Arbeiter vor Gericht und in Strafhaft Unterstützung zu organisieren. Als nach der Revolution 1918/19 und den nachfolgenden Aufständen Tausende der Aufständischen verfolgt wurden, in Zuchthäusern landeten oder ermordet wurden, stürzte dies nicht selten ganze Familien in Not. Nach der Machtübernahme 1933 wurde die Rote Hilfe wie alle Organisationen der Arbeiterbewegung verboten.
Mitte der 70er Jahre, als wieder eine verstärkte Repression gegen Linke einsetzte, entstanden im Umfeld der zunehmend militant kämpfenden Gruppen, der neuen sozialen Bewegungen und verschiedener kommunistischer Parteien in vielen Städten wieder Rote Hilfen, die sich mit den politischen Gefangenen solidarisierten und Hilfe organisierten oder selbst leisteten.

(3) Das Wort »Schweine« ist im Original durchgestrichen.

(4) Tupamaros waren eine Stadtguerilla in Uruguay, die in den 70er Jahren gegen eine brutale Militärdiktatur kämpfte.

(5) Carlos Marighela, brasilianischer Revolutionär, der 1969 seine Erfahrungen aus dem bewaffneten Kampf in einem Buch unter dem Titel »Handbuch des Stadtguerilleros« niederschrieb. In deutsch erstmals 1970 bekanntgeworden unter dem Titel »Minihandbuch der Stadtguerilla«.

(6) Frantz Fanon, 1924-1961, geboren in Martinique, wo er sich im Zweiten Weltkrieg am Partisanenkampf gegen die Vichy-Regierung beteiligte. Nach 1945 studierte er in Frankreich Medizin und Psychiatrie. Von 1953 bis 1956 war er Chefarzt der Psychiatrischen Klinik in Blida-Joinville, Algerien. Danach arbeitete er für die FLN, zeitweise als Botschafter der algerischen Regierung in Accra. Sein Hauptwerk »Die Verdammten dieser Erde« von 1961, mit einem Vorwort von Jean-Paul Sartre, wurde zum Manifest.

Zitat: »Das kolossale Werk, den Menschen, den ganzen Menschen zur Welt zu bringen, wird nur mit der Hilfe der europäischen Massen gelingen. Die Massen Europas müssen sich darüber klarwerden, daß sie sich in den kolonialen Fragen oft, allzuoft mit unseren gemeinsamen Herren verbündet haben.«

(7) Bobby Seale und Huey Newton gründeten im Oktober 1966 in Oakland/USA die Black Panther Party. Sie entwickelte sich aus der schwarzen Bürgerrechtsbewegung und verstand sich zunächst als Selbstverteidigungsgruppe gegen organisierte Gewalt, begriff die rassistische Unterdrückung als Strukturmerkmal des Kapitalismus. Die Black Panther waren an den Ghetto-Aufständen 1967/68 maßgeblich beteiligt und ihre Mitglieder wurden vom FBI als Staatsfeind Nr. 1 verfolgt, erschossen oder außer Landes gejagt.

(8) George Jackson war mit 15 Jahren zum erstenmal im Jugendgefängnis, mit 18 wurde er wegen angeblichen Raubes von 70 Dollar zu »einem Jahr bis lebenslänglich« verurteilt. In der Haft begann er sich für den Befreiungskampf der Schwarzen zu engagieren, gründete mit anderen schwarzen Gefangenen die »Soledad Brothers« und wurde Mitglied der Black Panther Party. Draußen wurde ihr Kampf unterstützt von Angela Davis. Jackson wurde am 21. August 1971 im Gefängnis San Quentin ermordet. Sein Buch »Im Herzen ein Feuer« erschien 1971. Am 9. September 1971 brach im Norden des Bundesstaates New York im Hochsicherheitsgefängnis von Attica ein Aufstand aus. Mehr als 1000 Gefangene übernahmen in kurzer Zeit die Kontrolle über das Gefängnis und nahmen 38 Wärter als Geiseln. Die Verhandlungen scheiterten. Vier Tage später warfen Kampfhubschrauber Tränengaskanister auf den besetzten Gefängnishof und 1500 Nationalgardisten, Soldaten und Polizisten stürmten das Gefängnis. 32 Häftlinge und 9 Geiseln kamen ums Leben. 85 Menschen wurden verwundet.

20.6.1972

Liebe Christiane!
Weil es alles sowieso Wochen dauern wird und weil es den Beschluß »Angehörige« gibt und weil Du vielleicht auch nichts dagegen hast, könntest Du versuchen, dieses Zeug auf der Liste zu besorgen und beim BGH durchzukriegen? Ich bin zwar in Strafhaft (1) (das werden sie erstmal einwenden), aber ich bin auch in völliger Isolation, was bedeutet, daß ich mir nicht wie jede andere Strafgefangene all das im Tauschhandel besorgen kann, und außerdem ist es normalerweise so, daß jede Strafgefangene diese Gegenstände mitbringen darf.
So müßtest Du argumentieren.
Wenn Dir das Geld dazu fehlt, wende Dich an rh oder in allen Fragen, die Du hast, an Rechtsanwalt Groenewold (2).
Schily ist aufgrund eines hanebüchenen Ermittlungsfehlers des amtierenden BGH Richters Knoblich von meiner Verteidigung z. Zt. ausgeschlossen. Ich bin heute 20.06.1972 im Hungerstreik bis Schily (3) wieder zugelassen ist.

Gruß Gudrun

Haarbürste (»Ideazett«, Draht auf Gummi)
Shampoo (»Guhl«, Lanolin)
3 mal Ineral (kriegst Du beim Friseur, ist was für kaputte Haare)
Großer Topf Leichner Abschminke
Wimperntuschstift (braun, Revlon, ohne zusätzliche Härchen)
Augenbrauenstift (Dr. Payot, Farbe Châtain) dazu Bleistiftspitzer
Creme Hydrante Orlâne (ist fett genug oder ähnliche)
Compact Puder von Juvena, weiß
Nagelschere, 'ne gute Pinzette, Nagelfeile
Deodorant (Rubinstein Roll-on)
Körperöl Weleda (grünes fettes)
Irgend'n Säckchen dazu, in das alles reinkommt

1 Paar wollene Kniestrümpfe
1 Paar dickere glatte Strumpfhosen (schwarz z.B.)

Wichtig ist: die Originalverpackung drumzulassen, und hol' Dir erst die Erlaubnis, und dann die Sachen.
Wichtigkeit der Reihe nach

(1) Gudrun Ensslin kam nach ihrer Festnahme sofort in Strafhaft, da eine Reststrafe von 22 Monaten aus dem Kaufhausbrand-Urteil von 1968 noch ausstand.

(2) Rechtsanwalt Kurt Groenewold war einer der Verteidiger von Gudrun Ensslin.

(3) Otto Schily, heute Bundesinnenminister, war schon seit dem Kaufhausbrandprozeß Gudrun Ensslins Wahlverteidiger.
Am 17. Juni 1972 beschloß der Ermittlungsrichter beim Bundesgerichtshof, Dr. Knoblich, Rechtsanwalt Otto Schily von der Verteidigung von Gudrun Ensslin auszuschließen. Schily wurde verdächtigt, den Kassiber, der bei der Festnahme von Ulrike Meinhof am 15. Juli gefunden wurde, aus der Justizvollzugsanstalt Essen herausgeschmuggelt zu haben. Gegen diesen Beschluß legten Gudrun Ensslin und Prof. Dr. Uwe Wesel für Otto Schily Beschwerden ein. Uwe Wesel war von 1968 bis 2001 Professor für Rechtsgeschichte und Zivilrecht an der Freien Universität Berlin. Am 25. August 1972 beschloß der 3. Strafsenat des Bundesgerichtshofes, daß diese Beschwerden verworfen werden.
Uwe Wesel legt im Namen seines Mandanten Otto Schily gegen diesen Beschluß mit Erfolg Verfassungsbeschwerde ein. Das Bundesverfassungsgericht weist das Urteil aus formalen Gründen an den Bundesgerichtshof zur erneuten Entscheidung zurück. Die Rechtsgrundlage für einen Verteidigerausschluß wird erst im nächsten Jahr nachgereicht und an vielen RAF-Verteidigern erfolgreich vollstreckt. Am 18. April 1973 entscheidet der Bundesgerichtshof, den Beschluß vom 17. Juni 1972 aufzuheben. Doch das Ermittlungsverfahren gegen Otto Schily wird erst nach dem Tod von Gudrun Ensslin, 1978, ergebnislos eingestellt.
Bis heute ist nicht geklärt, wie dieser Kassiber aus der Haftanstalt Essen in die Hände von Ulrike Meinhof kommen konnte.
Der Beschluß des Bundesgerichtshofes vom 17. Juni 1972 ist vor allem deshalb interessant, weil darin – nachdem der Verdacht gegen Schily ausgiebig dargelegt wird – die Umstände der Haft von Gudrun Ensslin nach ihrer Festnahme beschrieben werden:
»Der Leiter der Justizvollzugsanstalt Essen hat am Vormittag nach der Einlieferung der Gefangenen eine Reihe besonderer – übrigens in erster Linie der Sicherung gegen einen Ausbruch oder eine Befreiungsaktion dienender – Maßnahmen angeordnet. Danach war Gudrun Ensslin von anderen Gefangenen streng getrennt zu halten; sie war in einer Einzelzelle mit stahlvergittertem Fenster untergebracht, die Tür der Zelle war zusätzlich mit einem

Vorhängeschloß gesichert. In unmittelbarer Nähe befand sich in der Zeit vom abendlichen Einschluß bis zum Morgen ein bewaffneter männlicher Vollzugsbediensteter, mit einem Funksprechgerät ausgerüstet, der die Zellentür ständig beobachten konnte, ohne sie allein öffnen zu können. Angeordnet war des weiteren, daß die Zelle am Tage nur von zwei, während der Nacht nur von drei Aufsichtspersonen gemeinsam geöffnet und betreten und die Gefangene jeweils nur in Begleitung von zwei Bediensteten aus der Zelle geführt werden durfte.«

k.c. 26.6.72 4/10

weiß nicht wie schnell Du den Brief kriegst mit dem Stempel, nicht wie schnell Du es in Angriff nehmen kannst — deshalb — vorsorglich habe ich:

dringend ne "Mittel"-starke Zahnbürste
paar "ob"
ne milde Seife (Nivea Kinderseife)
Nagelhautschere

Zur Argumentation: In d. Vollzugsordnung f. Strafgef. (Nordrhein-Westfalen) heißt es unter Ziffer 2 (Aufnahmeverfahren), Abschnitt 3: "Stücke die zur zweckmäßigen Körperpflege dienen, können d. Gefangenen überlassen werden."

Ich stinke, weil die Zelle stinkt, weil sie Luft über einen Raum von 30 x 15 x 15 cm3 reinläßt
Mir fliegt jetzt schon die Haut in Flocken vom Leibe
geschweige zu reden von Haaren und Zähnen die von dem Schrubber plötzlich bluten und die Haare sind sowieso höchst pflegebedürftig wenn ich ein paar Jahre noch welche haben will

das 2 "Zweck"

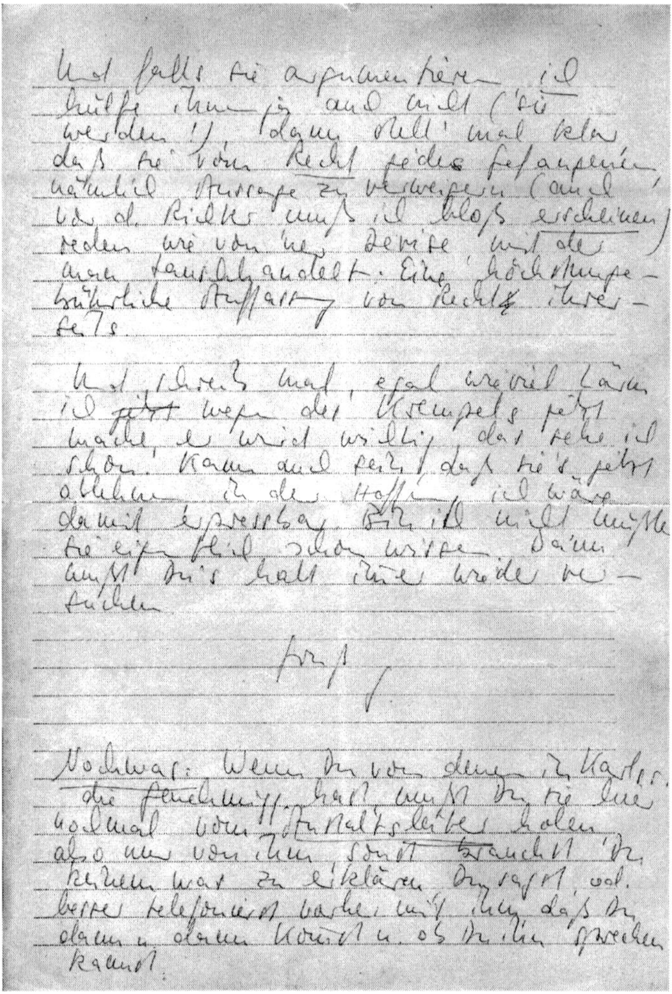

Und falls sie argumentieren – ich hülfe ihnen ja auch nicht (sie werden!), dazu stell' mal klar, daß sie vom Recht jedes Gefangenen, nämlich Aussage zu verweigern (auch vor d. Richter muß ich bloß erscheinen) reden wie von 'ner Devise mit der man Tauschhandelt. Eine höchstungebührliche Auffassung von Recht ihrerseits.

Und schreib mal, egal wieviel Lärm ich ~~jetzt~~ wegen des Stempels jetzt mache, er wird willig, das sehe ich schon. Kannst auch sagen, daß sie's jetzt ablehnen in der Hoffnung, ich wäre damit erpressbar. Bin ich nicht, müßte sie eigentlich schon wissen. Darum mußt du's halt immer wieder versuchen

Gruß

Nochwas: Wenn du von denen in Karlsr. die Genehmigung hast, mußt du sie hier nochmal vom Anstaltsleiter holen, also nur von ihm, sonst brauchst du keinem was zu erklären. Du sagst od. besser telefonierst vorher mit ihm, daß du dann u. dann kommst u. ob du ihn sprechen kannst.

26.6.1972 (1)

L. C.,

weiß nicht, wie schnell Du den Brief kriegst mit dem Krempel, nicht, wie schnell Du es in Angriff nehmen kannst – deshalb – vergessen habe ich:
Dringend 'ne »mittel«starke Zahnbürste
Paar »ob«
Ne milde Seife (Nivea Kinderseife)
Nagelhautschere

Zur Argumentation: In der Vollzugsordnung für Strafgefangene in Nordrhein-Westfalen heißt es unter Ziffer 2 (Aufnahmeverfahren), Abschnitt 3: »Stücke, die zur zweckmäßigen Körperpflege dienen, können dem Gefangenen überlassen werden.«
Ich stinke, weil die Zelle stinkt, weil sie die Luft über einen Raum (2) von 30 mal 15 mal 15 cm reinläßt.
Mir fliegt jetzt schon die Haut in Flocken vom Leibe.
Gar nicht zu reden von den Haaren und Zähnen, die von dem Schrubber plötzlich bluten und die Haare sind sowieso höchst pflegebedürftig, wenn ich in paar Jahren noch welche haben will.
Und falls sie argumentieren, ich hülfe ihnen ja auch nicht (sie werden!) dann stell' mal klar, daß sie vom Recht jedes Gefangenen, nämlich Aussagen zu verweigern (auch vor dem Richter muß ich bloß erscheinen) reden wie von 'ner Devise, mit der man tauschhandelt. Eine höchstungebührliche Auffassung vom Recht ihrerseits.

Und schreib' mal, egal wieviel Lärm ich wegen des Krempels jetzt mache, er wird wichtig, das sehe ich schon. Kann auch sein, daß sie's jetzt ablehnen, in der Hoffnung, ich wäre damit erpressbar. Bin ich nicht, müßten sie eigentlich schon wissen. Dann mußt Du's halt immer wieder versuchen.

Gruß G.

Nochwas: Wenn Du von denen in Karlsruhe die Genehmigung hast, mußt Du sie hier nochmal vom Anstaltsleiter holen, also nur von ihm, sonst brauchst Du keinem was zu erklären, Du sagst oder besser telefonierst vorher mit ihm, daß Du dann und dann kommst und ob Du ihn sprechen kannst.

(1) Ein Brief von Gudrun Ensslin an Christiane Ensslin vom 22. Juni 1972 wurde beschlagnahmt und hat die Adressatin bis heute nicht erreicht.

(2) Gemeint sind wohl die Maße einer Lüftungsklappe.

28.6.1972

Liebe Christiane,
Du kriegst nun doch die ganze Last von Besorgungen ab, aber ich habe Groenewold gesagt, daß Du die Kohle dafür kriegen sollst. Ich kann hier ab nächsten Monat für 20.- Tabak kaufen monatlich und sitze noch und wohl noch ziemlich lange ohne Bücher, Zeitungen, mit noch 1 Päckchen Tabak für 1 Monat da, ohne Shampoon, ohne die Zahncreme, wirklich Scheiße so, der Kosmetikkram fehlt auch.
Ich rede am Tag 3 x Nein oder Ja, vielleicht noch 2 oder 3 Wörter und so wird das die nächsten 3 Jahre auch sein. Egal, sieh mal zu, was Du tun kannst.
Schily ist ein Skandal, aber an solche Rechtsbrüche wird sich der Bundesbürger schließlich auch gewöhnen, oder nicht. Ich hungere seit 20., bis er wieder zugelassen ist. Der angebliche Kassiber wird erst zum Skandal, das habe ich allen Grund anzunehmen.
Bitte sieh' mal zu, ob Du verhindern kannst, daß der vierwöchentliche Besuch (mehr gibt es nicht) nicht von den Eltern okkupiert wird. Ruth (1), über die ich nichts weiß, könnte ja mal mit Dir kommen (oder Gottfried, über den ich auch nichts weiß seit 68).
Hier nun 'ne Bücherliste, sie müssen direkt vom Verlag (bzw. Bestellung im Laden mit Postauftrag) hier ankommen, Du wirst also Mühe damit haben, aber jemand von der rh hilft Dir bestimmt oder nimmt es Dir ab, die haben auch schon Routine und wissen vermutlich auch Titel, die ich gar nicht kenne.
Malcolm X, Autobiographie (lies' mal – ist gut!)
Lukács: Geschichte und Klassenbewußtsein
R. Luxemburg 3 Bände. Gesammelte Werke bei der Europäischen Verlagsanstalt (lies wegen Gewerkschaften)
Mao 2 Bände, Gesammelte Werke
Jürgen Roth: Armut in der Bundesrepublik
StGB (Strafgesetzbuch – wichtig!!)
Lenin, Band 22, »Der Imperialismus als höchstes Stadium des Kapitalismus« – das müßte drin sein

Burroughs, Naked Lunch – englisch <u>und</u> deutsch
Ezra Pound: Gedichte
2 Pornos, (irgendwelche, Olympia vielleicht) (2)
De Sade – <u>was</u> Du findest von ihm
Literatur aus bzw. über Italien, Frankreich, USA, Türkei, Uruguay etc. – <u>rh fragen</u>
2 oder 3 <u>englische</u> Bücher und 1 Langenscheidt Englisch/Deutsch

Ist viel, soll ja auch nicht auf 1 Haufen ankommen hier.

Gruß Gudrun

(1) Ruth Ensslin, Jahrgang 1955, jüngstes der Geschwister Ensslin.

(2) Im Original ist diese Zeile gestrichen und wird ersetzt durch »De Sade – <u>was</u> Du findest von ihm«. In der »Olympia Press« erschienen in den 70er Jahren viele Erotica.

43 Essen
Krawehlstr. 59
3.7.1972

Liebe Christiane,
ich nehme an, daß der BGH die Klamotten, die ich am Leib hatte, die nächsten Jahre nicht rausrückt, deshalb brauche ich hier welche (zu den Effekten (1) in die Kammer), falls ich verlegt werde z.B. und nicht in diesen Fetzen reisen will von hier.

1. Schuhe, Gr. 40, geschnürte Stiefel, sehen bißchen aus wie Clarks, aber glattes Leder, helleres Braun, Creppsohlen, kosten etwa 56.- Gibt es bei »Goertz« z.B. (in Hamburg oder Frankfurt gibt es jedenfalls »Goertz«)
2. Hellbraune, beige Wollkniestrümpfe
3. 3 Slips, glatte kurze, Baumwolle, gibt's von »Margrit« oder »elite« im Kaufhof oder so, weiß oder beige
4. 1 Pullover, Wolle, lange Ärmel, gibt's die richtigen in jeder Boutique für 50 – 60 Mark, schwarz (oder weiß geht auch)
5. 1 lange Hose, Problem, weil dünn und lang, ich hab mal lang gesucht, von »rosner« gibt es Gr. 36, die paßt, blau, dünner Kattunstoff, 59 Mark (hoffentlich ist es nicht Gr. 38, weiß nicht ganz genau)

Mußt mal sehen, vielleicht hilft Dir jemand suchen, Kohle Groenewold – rh

Schreib' mal, ich hatte noch keine Post und weiß nichts, weil auch Zeitungen noch nicht, außerdem möchte ich natürlich wissen, ob Du die Sachen überhaupt besorgen willst (wie gesagt, erst der Kosmetik-Mist und dazu schon 1 Paar warme Socken, weil ich hier in Permanenz eiskalte Füße und Pfoten habe.)
Hat Dir Groenewold gesagt? Regelmäßig Briefmarken, 30 à –,40 alle 20 Tage schicken.
Nochwas: mit den Klamotten müßtest Du eine Art Koffer/

große Tasche mitabgeben, worin das Zeug und was sich ansammelt an Büchern etc. aufgehoben wird.
Ist übrigens mit Sicherheit das Ende dessen, was zu besorgen ist/besorgt werden kann.
Bücher immer unter den genannten Bedingungen, und ich hoffe sehr, daß auch welche kommen, die ich nicht kenne.

Schreib'/komm'/berichte

Gruß Gudrun

(1) In der sogenannten Kleiderkammer eines Gefängnisses werden die Sachen der Gefangenen aufbewahrt, die ihnen bei Haftbeginn abgenommen oder die im Verlaufe der Haft beschlagnahmt werden. Diese Habe wird auch Effekten genannt.

7.7.1972

Liebe Christiane,
damit ich an Beschaffungen nicht mehr zu denken brauche, und weil die Zensur einen Brief an Frau Baader nicht durchgelassen hat, in dem ich sie bat, dies zu besorgen, jetzt auch das noch an Dich, und Du mußt eben sehen, wen Du zur Hilfe organisierst, jedenfalls muß es offensichtlich über Dich laufen, jedenfalls noch, Groenewold hat gegen den Beschluß Beschwerde eingelegt, es gibt einen Verfassungsgerichtsbeschluß, der solche Beschlüsse (weil gegen Grundgesetz) schon aufgehoben hat; also besteht etwas Hoffnung auch für uns.
Ich möchte eine Jacke, und zwar einen Lumber-Jack (weißt Du? mit gestrickten Bünden an Hals, Ärmel und Taille), Wildleder, schwarz Gr. 46, gibt's jetzt in etlichen Läden, Selbach z.B., muß sich halt jemand 'n bißchen Mühe geben zu finden; ich hoffe, daß irgendwann mal mir 1 ziviles Kleidungsstück zugebilligt wird, und das wäre es dann; in der Zelle ist es sowieso selbst im Sommer so kalt, daß man kaum länger als 3/4 Stunden so sitzen kann, das weiß ich auch noch aus Frankfurt (1), es ist einfach so. Wegen der Kohle dafür, denn das Ding ist teuer, ich weiß, rede mit Groenewold.
Den Hungerstreik habe ich am Freitag für 1 Tag gebrochen, damit ich die Kontrolle darüber behalte, was mit mir hier geschieht. Ist aber n Problem, weil ich die Hälfte natürlich – nach 2 1/2 Wochen 1 Scheibe Brot täglich – wieder ausgekotzt habe.
Schreib' mir, ob Du vor hast, das Zeug zu besorgen, wenn nicht, muß ich ne andere Lösung finden. Hast Du Telefon? Groenewold konnte keine Nummer finden, wollte Dich anrufen.

Gruß Gudrun

(1) Wegen Kaufhausbrandstiftung wurde Gudrun Ensslin am 4. April 1968 in Frankfurt zusammen mit Andreas Baader, Thorwald Proll und Horst Söhnlein festgenommen. Gudrun Ensslin kam in die Justizvollzugsanstalt

für Frauen nach Frankfurt-Preungesheim. Am 31.10.1968 wurden alle zu drei Jahren Zuchthaus verurteilt und am 13. Juni 1969 bis zur Entscheidung über die Revision bedingt entlassen. Es blieb also eine Reststrafe von 22 Monaten. Die Gefängnisdirektorin in Preungesheim war seit 1947 Prof. Dr. Helga Einsele, die sich sehr für die Verbesserung der Lebensbedingungen von inhaftierten Frauen einsetzte.

15.7.1972 – beschlagnahmt – erhalten 1981

Liebe Christiane,
tut irre gut ein menschliches Wort vor Augen, irre, wie die Isolation funktioniert, und klar schon jetzt, was diese Art Terror/psychische Folter mit einem macht: entweder geht »man« drauf; oder Leute wie wir werden vollends Lava oder Eisen, egal, jedenfalls klar, was ich meine?
Was sie sich erhoffen, weil sie es schon von sich nicht anders kennen, ist natürlich, daß man zusammenbricht, jedenfalls hoffen sie auf einen, der nachgibt, die Orientierung verliert, auspackt, und dafür Zigaretten und die »Prämien«, die für Angepaßte bereitliegen, dafür einpackt, den könnten sie für ihre Anklageschriften brauchen, sei er aus Pappe wie Ruhland (1). Das System ist: jemandem alles wegnehmen (Nägel nicht schneiden, Shampoon, 1–5 Tropfen auf den Handteller während du nackt und naß unter der Dusche bist, nach zehn Tagen Schuppen; nichts zu rauchen – 3 Wochen lang; Verlegung aus einer Zelle, in die jedenfalls morgens 'n bißchen Sonne schien und wo du ein Viereck Himmel sehen konntest, in den Keller, da läufst du dann unter der Erde, es ist feucht, du kannst nicht raussehen, der ganze Bau läuft Dir auf dem Gehirn rum, die Zelle stinkt enorm, weil feucht usw...), solange bis du nicht mehr zu den Lebewesen mit Rückgrat gehörst sondern zu den Kriechtieren. Dann kriegst du auch wieder was.
Leute wie Dr. Huber (Du weißt? SPK (2)) nennen das Gefängnis deshalb Volksuniversität (ich sage allerdings dazu: Quatsch; das könnte nur zutreffen auf Leute, die nie in den Knast kommen werden, also die ganzen Studentischen, Privilegierten, die 'ne Menge Revolution auf den Lippen und viel Bourgeoisie unterm Hintern haben; also ist Hubers These in sich absurd; oder er meint eben einfach: man wird hart, und da hat er Recht), also deshalb, weil hier so völlig alle die Mechanismen offen da liegen, nach denen die kapitalistische Gesellschaft funktioniert: Tauschhandel, Korruption, Anpassung, Schuld+Sühne-Überbau, Herrschaft.
Und Preungesheim war unter der Einsele (3) natürlich ein

»vorbildliches Reformwerk«, ein Damenstift, eine pädagogische Provinz im Vergleich zu diesem hier, eine sogenannte »Verwahranstalt«, ein Tierasyl, Zuckerbrot + Peitsche, Fernsehen + Gehorsam um den Preis des Rückgrates; die Wärterinnen haben glaube ich das Wort Resozialisation noch nie gehört, das jedenfalls schließe ich aus der Art, wie sie mit den Gefangenen reden (und das liegt natürlich auch nicht an ihnen) und aus der Art, wie die Gefangenen sich verhalten. –
Röhl (4) ist ein Superschwein. Ein Kapitalist in der Marktlücke: »links« + Porno.
Mit »was veröffentlichen« gibt es 100 Problematiken. Angefangen von <u>wo</u> (die Presse <u>ist</u> schon relativ gleichgeschaltet, mit der eindeutigen Tendenz zur totalen Nivellierung, kann man inzwischen sogar in Juso-Schriften lesen) bis zu dem Punkt, wo reden <u>nichts</u> bedeutet. Nee, da kann man nur getrost auf das Gesetz der Dialektik lauernd <u>warten</u>.
Ich habe die Hausschuhe aus der Zelle gegeben, es sind so »Puschen« mit Kunststoff-Sohle, die wahnsinnig stinkt mit dem Filz; frag' mal die Nicola (s?) (ist die Vertreterin des Anstaltsleiters für den Frauenbau), was Du als Ersatz – mir egal was – ranschaffen kannst (Turnschuhe? Tennisschuhe? blau/weiß oder weiß) und dringend nach wie vor 1–2 Paar Wollkniestrümpfe. Jetzt in dem Kellerloch habe ich wirklich 20 Stunden von 24 kalte Füße + Pfoten, Scheiße.
Hier steht an der Wand: »ich bin seid 5.3.1972 hier ich habe am 16.3. Termin und habe Noch ein mal Termin wegen 100 DM das ist das erstemal das ich hier bin. Ich liebe meinen kleinen Sohn Dirk 8 Monate geb. 9.7.1971 ich bin 15 Jahre alt geb. 23.7.56. Ich liebe Dich Niko und unser Kind Dirk.«
Verstehst Du? Das z.B. von 100 000 Beispielen meinte ich mit »100 mal näher« als alle objektiven Probleme, die na, z.B. Mutter je hatte.
Ich habe Ruth geschrieben, wenn sie Dir helfen will/kann und Du das willst – aber Ihr werdet schon darüber geredet haben?

Herzlich und danke
Gudrun

Ich werd' einfach immer notieren, welche Bücher mir einfallen, Du kannst dann Auskunft geben, wenn mal vielleicht auch andere bestellen dürfen (ich gebe die Bücher an die Gefangenen-Bibliothek weiter, klar).
Max Hölz – Autobiographie, »Vom weißen Kreuz zur roten Fahne« oder so ähnlich
Robert Lamberg: dtv 4116 – »Guerilla in Lateinamerika«
George Jackson: In die Herzen ein Feuer
Bobby Seale: Fischer oder Rowohlt – Paperback, Biographie und Geschichte der Black Panther – weiß den Titel nicht
Régis Debray: Revolution in der Revolution (das ist mir wichtig!), glaube bei Trikont in München?
Wittgenstein: Reihe Suhrkamp »Tractatus logicus philosophicus«, Suhrkamp! Gesammelte Werke – Paperback Großformat (ich glaube 2 Bände)
Wie gesagt: wie Du es eben schaffst!

(1) Karl-Heinz Ruhland wurde am 19.12.1970 verhaftet und gehörte zu den wenigen RAF-Mitgliedern, die Aussagen bei der Polizei machten.

(2) Dr. Wolfgang Huber gründete 1970 – damals Assistenzarzt an der Psychiatrischen Universitätspoliklinik Heidelberg – zusammen mit Patienten das Sozialistische Patientenkollektiv (SPK) Heidelberg. Diese Selbstorganisation deutete Krankheit neu als Symptom der Entfremdung im Kapitalismus. Heilung könne letztlich nur durch den Umsturz der bestehenden Verhältnisse erfolgen. Die Parole »aus der Krankheit eine Waffe machen« faßte der Psychologe Peter Brückner in folgende Worte: »Der Stein, den jemand in die Kommandozentralen des Kapitals wirft, und der Nierenstein, an dem ein anderer leidet, sind austauschbar. Schützen wir uns vor Nierensteinen.« Über zehn SPK-Mitglieder schlossen sich der RAF an.

(3) Zu Preungesheim und Einsele siehe Anmerkung 2 zum Brief vom 07.07.1972.

(4) Klaus Rainer Röhl war Gründer und langjähriger Herausgeber der Zeitschrift »konkret«. Hier veröffentlichte Ulrike Meinhof bis 1969 ihre Kolumnen, die damals große Teile der Linken – die Zeitschrift hatte eine Auflage von 100 000 bis 150 000 Stück – lasen und diskutierten. 1961 heirateten Röhl und Ulrike Meinhof. Ab 1968 kam es zu immer heftigeren politischen Differenzen um den Inhalt von »Konkret« – Röhl setzte auf die Pornowelle. 1969 beendete Ulrike Meinhof ihre Mitarbeit. Im November 1973 ging das Röhlsche »Konkret« in Konkurs. Klaus Rainer Röhl entwickelte sich später zum Vertreter deutsch-nationaler Positionen.

Nr. 6
19.7.1972

Liebe Christiane,
(nach Lektüre der Frankfurter Rundschau vom 19.7. Seite 3)
entweder
Du hast der FR (1) die Informationen gegeben (wie kommt das nur, das Linsengericht ist Euch die Presse, oder wie oder was? Weißt Du nicht, daß sie immer mindestens ungenau sind, und die Ungenauigkeit ist in der Tendenz immer Maßarbeit) und warst dann selbst ungenau (aus welcher Tendenz raus, frage ich mich?) Haben wir uns nur angeschrieen? Nein. Auf Deinen Satz: »Bomben sind einfach« sagte ich: »das würde ich nie sagen«. Ein wesentlicher Unterschied, siehst Du ihn?
oder
die Informationen kommen aus Lücken zwischen Zensur hier im Knast bis BGH oder Sicherheitstypen beim Besuch, auch möglich. Sag' mal wie es sich verhält. Ich würde sagen: beantrage ein Tonband bei Deinen Besuchen. Man muß sich schützen, man weiß nicht wozu sie in ihrer Beweisnot noch greifen werden, besser ist: man sieht sich vor.

Dazu kommt, daß sie Dich oder irgendjemand, wann immer es ihnen paßt, mit irgendwelchen Behauptungen von Besuchen oder Briefen ausschließen können, und wenn es nur dazu wäre, mich auf den Hund zu bringen, Isolation.
Beantrage Du das, ich werde es auch tun (2).

Dann noch: ich redete von den ersten 3 Jahren im Zusammenhang mit 3 mal Ja und 3 mal Nein, weil laut Gesetz ein Gefangener »nur« »höchstens« 3 Jahre isoliert werden darf, nicht länger, verstehst Du, also haben wir Aussicht, nach 3 Jahren tagsüber mal aus der Zelle rauszukommen und mit anderen Gefangenen reden zu dürfen. Davon handelte ich. Nicht von den vielen Jahrzehnten.

Herzlich Gudrun

Jeder Strafgefangene darf zu Weihnachten und Geburtstag je 1 Paket (3) kriegen. Ich stelle mir vor:
2 Stangen Gitanes ohne Filter (+ ein paar Päckchen Tabak – Schwarzer Krauser + Blättchen),
etwas Kuchen (gerührt + Schokolade + Rosinen, oder Marmor),
2 Tuben oder 1 Dose Alpenmilchmädchen-Milch (so süße, dicke für in den Café),
Nescafé Gold, Tee (Earl Grey oder geräucherten!),
2-3 durchsichtige Plastiksäckchen (für Brot frisch halten),
paar gute Filzstifte (schwarz) und 5 Kugelschreiber (dünn, schwarz + rot, leicht, billig, »Schneider-Stifte«),
2 Stück Nelkenseife,
2 Cricket-Feuerzeuge (schwarz).
Viel?
Soviel Gewicht darf es etwa haben.

(1) In der Frankfurter Rundschau vom 19.07.1972 erschien auf Seite 3 ein fast ganzseitiger Artikel von Hans-Joachim Noack: »Als einziger Besitz blieb ihr der Kugelschreiber – Wie Ulrike Meinhof, Andreas Baader und die anderen die ersten Gefängniswochen erleben«. Über den Besuch von Christiane Ensslin bei Gudrun Ensslin berichtet er u.a.: »›Dann‹, erinnert sich Christiane, ›haben wir nur noch über Politik gesprochen und uns angebrüllt.‹ Ihrem Hinweis ›Wir haben manchmal hart gearbeitet, um die Strukturen in Frage zu stellen‹, vor allem aber dem Vorhalt ›Bomben sind einfach‹, sei Gudrun mit einem einzigen Satz begegnet: ›Hast du eine Ahnung, wie schwer das war.‹« Aus dem Artikel geht auch hervor, daß diesem Journalisten Briefe von Gudrun Ensslin an Christiane Ensslin vorgelegen haben mußten, denn er schreibt: »Gudrun Ensslin, die im Frauentrakt der Essener Strafanstalt in Gesprächen und Verhören beharrlich schweigt, beschäftigt sich in Briefen detaillierter mit ihrer Lage. Sie klagt, daß ›ich stinke, weil die Zelle stinkt‹, beobachtet, wie ihr ›schon jetzt die Haut in Flocken vom Leibe fliegt‹, notiert mit Akribie die Verhältnisse, in denen sie leben muß – ›in einem Raum mit einem Fenster von 30 mal 15 mal 15 Zentimeter‹.« Und weiter unten »... sagt Gudrun Ensslin nach eigener Darstellung täglich allenfalls ›dreimal ja und dreimal nein‹.«

(2) Tonband-Antrag: siehe Anhang.

Nr. 7
25.7.1972

Liebe Christiane,
der Tonband-Antrag ist wichtig. Wenn das nicht bloß Journalisten-Dreck ist, kommentiert also Herold (1) schon Sätze, die ich nie gesagt habe. Was einem egal sein könnte, wenn es sich nicht mal wieder um die Methode handelte, mit der sich die sogenannte dritte »unabhängige« Gewalt, die Justiz, einließe.
Also beantrage das, mußt Du bei Knoblich tun (75 Karlsruhe, Herrenstr. 45a), Begründung: Sicherheit für Dich und für mich in Bezug auf Aussagen durch Sicherheitsbeamte. Hol' Dir notfalls Rat bei irgendeinem Anwalt.
Zum Päckchen – pack' auch die Haarbürste mit rein!
Ich habe das Merkblatt nun auch. Also: nur schwarzer Tabak (Schwarzer Krauser), Blättchen, Streichhölzer, 1 Cricket-Feuerzeug (schwarz), Nescafé Gold, Tee – Earl-Grey. Am besten Du packst alles in Plastikdosen um, ist nicht so schwer wie Glas. Paß auf, daß alles am Ende nicht mehr als 3 Kilo. Sonst halt Kuchen (gerührt, Schokolade + Rosinen drin oder dran oder Marmor), Schokolade Lindt-Vollmilch mit den groben Nüssen und Zartbitter. Umgefüllt geht auch diese dicke süße Milch aus Tuben; dann eben nahrhaftes Zeug noch, weiß ich's – verdammt, vielleicht Honig, Mandeln, Rosinen; und 1 mal Wollkniestrümpfe, dunkelblau.
(Vergaß ich, glaub ich: Pullover Größe 44) dazu noch: die Klamotten, wenn Du sie beisammen hast, gibst Du hier als »zu den Effekten« ab, sie kommen dann in die Kammer, + 'ner Tasche, in der alles Mögliche im Lauf der Jahre abgelegt werden kann, Bücher z.B. auch, etc. Außer die Schnürstiefel, hab' ich das klar gesagt, noch irgendein Schuhwerk, bequem, aber auch für Regen im Hof, die gibst Du bei der Amtsmännin Frau Nicolai ab und sagst nur das dann, ich kann dann per Antrag versuchen, sie zu kriegen.
Deinen irre neugierigen Blick, als ich verschwand, habe ich wohl gesehen, liebe Schwester! Weißt Du, auf einen Blick sähest Du am meisten Wahrheit, wenn ein Haufen Gefange-

ner, Hofgang, seine Runden dreht: Geschlagene und Geschundene, unsicher in jeder Bewegung, gestikulierend die Stärksten von ihnen, schnatternd, grau, grell geschminkt, gefärbt, Krampfadern, bleich, zwischen 15 und 70, sie reden immer von ihrer Unschuld und da haben sie Recht, es ist ihre Antwort an die Justiz, auf den Kopf dabei die Logik, denn daß sie unschuldig sind, wissen sie nicht, und es ist das Letzte, was sie erfahren werden, eines Tages sage ich, ein Grund für unsere Isolation: Unwissenheit hat Funktion.
Du wirst noch entdecken: Die Sprache der Justiz ist die Un-Sprache; sie kleistert die Widersprüche wortreich und vernunftarm, im Gerichtsstil ist Sprache begraben, und das heißt: Kampf begraben, die Gitter, der Stacheldraht ist bloß das sichtbarste Zeichen davon (und vielleicht noch die Gesichter der hinter Akten und Tischen verschanzten Richter und Staatsanwälte, sieh sie Dir an).

Herzlichst Gudrun

Noch was: ich will nicht Italienisch lernen, sondern Spanisch.

(1) Horst Herold war ab 1971 Präsident des Bundeskriminalamtes (BKA). In dem Artikel von Hans-Joachim Noack in der Frankfurter Rundschau vom 19.07.1972 – siehe auch Anmerkung 1 zum letzten Brief – heißt es: »Während von dem Gruppenmitglied Gerhard Müller angenommen wird, daß er ... am ehesten kapitulieren und die Zuversicht des BKA-Chefs Horst Herold (›Einer redet immer; das war bei den Jüngern Jesu schon so.‹) bestätigen könnte, sagt Gudrun Ensslin nach eigener Darstellung täglich allenfalls ›dreimal ja und dreimal nein‹«.

Nr. 8
28.7.1972 – erhalten am 12.12.1972

Liebe Christiane,
siehst Du – SIE ZEIGEN IHRE INSTRUMENTE – 10 Jahre für Werner Hoppe (1), ein rasendes Urteil (wenn Du den Beweisverlauf verfolgt hast). Na schön. Sollen sie so weiter machen. Oder, wie ein Staatsanwalt namens Stegmann 1935 im Prozeß gegen Fiete Schulze (2) sich ausdrückte: »Es gibt kein objektives Recht, Strafrecht ist Kampfrecht.« (hinzu zufügen ist: im kapitalistischen Staat, der Staatsanwalt war in seiner Gesinnung staatstragend, kein Zweifel) Fiete Schulze wurde mit dem Handbeil geköpft, in Hamburg, im selben Gefängnis, in dem Hoppe jetzt sitzt. Und Fiete Schulze wußte, die Revolution kommt nicht von alleine, von alleine kommt allerdings der Faschismus, da hilft kein Wahlrecht, kein demokratischer Rechtsstaat, da kann es sich nur um die Abschaffung der Kapitalherrschaft handeln, und um eben diese handelt es sich in dem Kampfurteil gegen Hoppe: die Reaktion erhebt ihren Schweinskopf.

Liest Du eigentlich hoffentlich die Bild-Zeitung, täglich? *Sie agitiert*. Verflucht, ich weiß, daß ich jeden Tag neu voll Wut war über dieses Produkt und Instrument von Herrschaft. Die Linken und die Liberalen sowieso sind oft zu dumm, um sie zu lesen, erhaben über diesen Betrug am Proletariat, dabei muß man sie wirklich lesen. Hier im Knast ist sie natürlich verboten, klar, ganz in *ihrer* Ordnung. Aber Interpretationen dieses Betruges findest Du überall (es lebe die Dialektik): z.B. in Genschers erstem Tagesbefehl (3) an den Bundesgrenzschutz, dem noch viele folgen werden, hast Du mitgekriegt?
Bitte schick' im nächsten Brief das Titel-Foto vom »Stern«, auf dem Andreas ist, einfach gefaltet in 'nem großen Kuvert. Ich denke, daß, wenn Staatsanwalt und Richter damals in Frankfurt uns als »Verlobte« führten (wir konnten uns so damals sogar ab und zu besuchen), Knoblich soviel immerhin lockermacht, daß er es mir läßt. Außerdem vielleicht 2

von Felix (4). Felix ist kein RAF-Mitglied, Felix ist mein Sohn; weißt Du was von ihm? Ordentliche, heißt ungekämmt, eben action-Fotos, und möglichst neu.

Zur Bücherliste:
Von Marx/Engels wäre noch wichtig der Band, in dem »Vom Ursprung der Familie« enthalten ist (von Engels)
Walter Benjamin: ed. Suhrkamp 103: »Kritik der Gewalt«, »Über Haschisch«, suhrkamp Taschenbuch 13
Dann 2 Essay-Bände von ihm, die aber mal später (»Illuminationen«, den anderen Titel? vergessen)
Eva-Reihe: »Spätkapitalismus + Klassenkampf« (18.-)
Verlag Dr. Hans Hegner, 53 Bonn-Bad Godesberg: »Protokoll der Bundestagsdebatte über Innere Sicherheit vom 07.06. 1972«, (2.80) – lies das auch, ist wohl wichtig
Brecht: Galileo Galilei
Märchen: (Andersen, 1001 Nacht, Oscar Wilde)
Brückner: Zur Sozialpsychologie des Kapitalismus
Kriminalromane von Richard Stark, Goldmanns gelb, glaub' ich
Jan Raspe: »Zur Sozialisation proletarischer Kinder« – (Verlag Roter Stern)
(schick' mir bitte immer Durchschläge der Bücherbestellungen, die Du gemacht hast.)

Sei umarmt, Gudrun

(1) Das RAF-Mitglied Werner Hoppe wurde am 26. Juli 1972 in Hamburg zu 10 Jahren Haft wegen versuchten Totschlags in drei Fällen verurteilt.

(2) Fiete Schulze, geb. 1894, arbeitete auf einer Hamburger Werft und trat 1913 in die SPD ein. Nach Krieg und Novemberrevolution schloß er sich der USPD an, deren Mehrheit sich 1920 mit der KPD vereinigte. Er war aktiv am Hamburger Aufstand 1923 beteiligt. Nach Flucht und Emigration kehrte er 1932 nach Hamburg zurück und war dort führend im Widerstand gegen den Nazi-Terror. Im April 1933 wurde er festgenommen und nach Einzelhaft und Folter im März 1933 dreimal zum Tode und zu 280 Jahren Zuchthaus verurteilt. Im Hof des Hamburger Untersuchungsgefängnisses wurde er am 6. Juni 1935 mit dem Handbeil enthauptet. 1981 hob die Staatsanwaltschaft beim Hanseatischen Oberlandesgericht das Todesurteil auf.

(3) Hans-Dietrich Genscher, geb. 1927, war von 1969–1974 Bundesinnenminister im ersten und zweiten Kabinett der sozial-liberalen Koalition unter Bundeskanzler Willy Brandt. Er brachte im Juni 1972 ein ganzes Paket von Gesetzen zur Inneren Sicherheit auf den Weg. Am 22. Juni 1972 wird das neue Bundesgrenzschutzgesetz durch den Bundestag verabschiedet. Damit wird der BGS zur mobilen Bereitschaftspolizei, die bei Anforderung in allen Bundesländern eingesetzt werden kann.

(4) Felix Ensslin, der Sohn von Gudrun Ensslin und Bernward Vesper, wurde im Mai 1967 geboren.

1.8.1972

Liebe Christiane,
Briefmarken hab' ich jetzt!

Hase und Igel, Kälte und ich. Und ich bald ein Hund. Ich renne täglich etwa 4–5 Stunden in der Zelle (5 Schritte) auf und ab, bloß um nicht einzufrieren. Bitte, schick' an Knoblich (BGH, Herrenstr. 45 a) in einem großen Kuvert ein T-Shirt, Gr. 40 oder 2 (rot oder schwarz) mit langen Ärmeln, sozusagen als Unterhemd; die Jacke, die ich hier kriege, ist immer zu groß und schlottert, solange nichts drunter ist, wärmt nicht (einfach, weil es keine anderen gibt hier). An Knoblich deshalb, weil damit der Weg von oben nach mitten gegeben und damit den Leuten hier die Sicherheit, daß ich es kriegen kann (vielleicht vielleicht), jedenfalls kommt was Vernünftiges bei raus: etwas Wärme.

Nr. 9
4.8.1972

Liebe Christiane,
die Briefmarken sind angekommen, danke schön – den Brief dabei, falls einer dabei war, habe ich noch nicht.
Schick' erst dann wieder welche, wenn ich Dir's schreibe oder sage. (Kommst Du diesen Monat, oder hast Du noch Ferien diesen Sommer vor Dir?)
Zu dem beschlagnahmten Brief an Dich gibt es jetzt einen 2. Beschluß (1) (weil der erste mit dem Inhalt des Briefes wirklich nichts zu tun hatte), der sich nun auf »meine« Ideologie beruft. D.h., daß jeder Satz in Zukunft der nicht von Zahnpasta und Pickeln in der Fresse handelt, Grund zur Beschlagnahme sein kann, KANN, verstehst Du.
Damit Du nicht durcheinander kommst: ich habe jetzt einen Antrag an die Anstaltsleitung (Solbach und Nicolai) gestellt wegen dem Kosmetikkram, mit derselben Liste, die ich Dir schickte (minus Lacalut, weil ne Tube nicht durchsichtig und nicht durchstocherbar ist, plus Watte, plus Lotion Nr. 2 von Payot, plus flüssiges Make-up von Monteil, Farbe cendre).
Von dem Antrag hängt ab, ob ich es jetzt irgendwann kriege, hängt nicht ab, daß Du das Zeug besorgen und notfalls eben zu den »Effekten«, der Habe des Gefangenen geben sollst, denn irgendwann, spätestens zum Prozeß brauch' ich die paar Sachen ja doch (es SEI denn, mir wüchse außer dem Schnurrbart im Lauf der Zeit ein ganzer Pelz, wäre 'ne Lösung der lästigen Probleme, wie?)
Folgendes stinkendes Machwerk zur Bücherliste bitte: »Baader-Meinhof-Report« – Verlag von Hase und Köhler, Mainz

Kontostand ist im Moment 120,- , weil ich ein Winzigradio zugebilligt bekam, das allerdings nur 1 Sender, natürlich 1. Programm, verständlich bringt, zweitens nur mit Knopf im Ohr, wirklich für Einfüßler und drittens ist es verplombt und versiegelt. Sowas rührt mich wiederum.
Gottfried hat geschrieben, er kommt auch mal.

Schreib' mir mal mehr von Dir, was Du so machst, oder ihr, was ihr liebt oder haßt. Was ich so ohne Detaillierung wissen kann davon, ist zwar da, aber mehr ist viel besser.

Herzlich D. G.

Zum letzten Brief Nr. 9

Liebe Christiane,
Noch anders: laß' die Kosmetika, schick' das Geld dafür an die Anstalt hier (G. Ensslin, 15.8.1940, Krawehlstr. 59) es wird durch die Anstalt besorgt, das ist endgültig.
Vergiß' nicht, mir jeweils den Durchschlag der Buchbestellungen an die Anstalt zu schicken, ich kann sonst überhaupt nicht wissen, was entweder einfach nicht bestellt wird (aus ideologischen Gründen) oder was vielleicht bloß nicht geliefert wird.

(1) Siehe im Anhang in den Anmerkungen zur Beschwerde von Gudrun Ensslin vom 15.08.1972.

Nr. 10
10.8.1972 – beschlagnahmt – erhalten 1981

Liebe Christiane,
statt eines 10 Seiten langen Briefes, den ich zerrissen habe. Anlaß zu dem langen Ding war natürlich Deine Frage nach den »mehreren« Wegen. Da hast Du nun ein Beispiel (und wenn Du Dich mit anderen, die Erfahrungen mit der Presse haben, zusammen sehen würdest, hättest du viele) und sagst: ist es denn so? So ist es. Der Klassenkampf findet statt, ob Du ihn wahrnimmst oder nicht, und natürlich ist er unmittelbar wahrnehmbar nur da, wo die kapitalistische Staatsgewalt einsetzt gegen diejenigen, die sich dagegen wehren, und daß sie das Recht dazu haben, ist für mich keine Frage. Eben wird ein 17jähriges Mädchen in den »Bunker« gezerrt, sie schreit und weint »ich will nicht da rein«. (»Bunker« ist 'ne Strafzelle ohne Matratze, ohne alles, Essen gibt es nur Wasser + Brot.) Sie hat am Fenster geredet oder irgendein Stück Staatseigentum zerdeppert oder zerschnippelt, weiß nicht, egal, das machen viele und jeden Tag; ab und zu wird eben ein Exempel statuiert, wie es heißt, als Hebel der Disziplin. Stell' Dir mal Mildred Scheel (1) oder Dich oder irgendeine der Tanten, die Du kennst, Bürgerliche, vor bei der Szene, geht nicht, wie? Deshalb heißt es richtig: Klassenjustiz; der Gleichheitsgrundsatz ist Betrug und Lüge, allerdings unentbehrlich als Teil des Überbau-Instrumentariums.
Aber was rede ich, deshalb auch die zerrissenen 10 Seiten, Du hast selbst täglich Erfahrungen, die Dir die Galle hochkommen lassen müßten, deren Ursprung der bestehende Klassenantagonismus ist und der ist so unversöhnlich wie vor 100 Jahren; nur die Form der Herrschaft hat sich natürlich geändert, also auch die Form der Knechtschaft (der Ansatz des SPK Heidelberg (2): die psychische Verelendung, na usw.). Die »naive« Frage, auf die Du Dich berufst, wem nützt es, sie zu stellen? Die Bildzeitung beantwortet sie täglich <u>positiv</u>, dieses Ärgernis der Liberalen (die aber zwangsweise hilflos sind dem Gegenstand gegenüber, weil ihre materiellen Interessen identisch sind mit denen Springers), die-

ses 4–8 Millionenfache tägliche unbestrafte Verbrechen am Menschen, wenn man ihn an den Bedürfnissen mißt, die er zu befriedigen hätte, wenn er nicht von Geburt an diesem verstümmelnden Prozeß unterworfen wäre, dem das ausgeklügelte System von Jahrhunderten Raffinesse + Wirksamkeit verleiht.
Ausbeutung heißt halt nicht mehr Analphabetentum und Kinderarbeit, 80 Stunden-Woche und trockenes Brot, sondern 40 Stunden-Woche, Fließband und vom Lohn Essen, Trinken und Fernsehen, und wenn sich einer aus der Klasse der Arbeiter (der Mehrheit, nicht wahr?) besonders schindet, vielleicht noch Opel und Ferien. Aber bei Gott, dann ist er mit 40/50 im Arsch und das weiß er auch. Um es zu vergessen, gibt es »Bild«, von dem kein Mensch, der das Privileg hat, im Vollbesitz eines ausgebildeten Verstandes zu sein, behaupten wird, 4 Millionen Arbeiter kauften es »aus freiem Willen«.
Die Revolution findet entsprechend der Entwicklung der Kapitalherrschaftsformen neue Formen, den Kampf zu führen. Stadtguerilla ist eine davon, da bin ich sicher. Nimm einen Globus zur Hand und such' darauf mal alle Länder, von denen Du zwar nur in der Süddeutschen Zeitung oder Frankfurter Rundschau vielleicht liest: Spanien, Portugal, Griechenland, Frankreich, Italien, Irland, Bundesrepublik, Türkei, Persien, Philippinen, USA, Peru, Chile, Argentinien, Brasilien, Uruguay, Mexiko z.B., die mir auf Anhieb einfallen als Länder, in denen Revolutionäre Stadtguerilla versuchen; das vermittelt auch den zwangsläufigen internationalen Zusammenhang, der existiert schon allein aufgrund der Entwicklung, die das Kapital seit Marx genommen hat.
Die Frage, was es denn »nutzt« zu kämpfen, die stellt sich zum jetzigen Zeitpunkt in der Form von der Du selbst ein Beispiel erzählt hast: der Buchhändler, der über Röhls (3) 12 Markpreis mault, das Buch aber »trotzdem«, wie du feststellst, verkauft. Wenn er das nicht täte, könnte er aufhören Bücher zu verkaufen, könnte er schließlich ja die Waffe in die Hand nehmen. Nur eine Kausalitätskette, nichts weiter, der man folgen muß, um aus der Hundehütte der Moral, also der

Korruption zu gelangen; man stellt, wenn man es tut, schnell fest, wie beweglich man wird (daß es auch gefährlicher wird, tot oder 15 Jahre oder für immer im Gefängnis, das ist ganz klar und kein wichtiger Aspekt mehr für den, der sich entschlossen hat, die Hundehütte zu verlassen) – Dir ist doch klar, warum das Gegeifere über einzelne der RAF so aussieht wie Du's nun 2 Jahre genossen hast? Der Zwang zur Gegenpropaganda produziert solchen Dreck.
Genug.
Ich schreibe darüber, weil mir wirklich wenig von dem klar ist, was in Deinem Kopf vorgeht.

Herzlich Gudrun

(1) Mildred Scheel war die Ehefrau von Walter Scheel, der von 1969-1974 Bundesaußenminister und von 1974-1979 Bundespräsident war.

(2) SPK siehe Anmerkung 2 zum Brief vom 15.07.1972.

(3) Klaus Rainer Röhl verlegte seit 1968 neben der Zeitschrift »Konkret« auch Bücher.

Nr. 11
16.8.72

Liebe Christiane,
hast Du sehr gut gemacht, der Gipfel sind die (Veilchen)pastillen und die Wurst, herzlichen Dank Schwesterherz!
Ich habe alles bekommen außer der Haarbürste, die war ihnen unheimlich, obwohl der Gummibuckel deutlichst ausschließlich Luftgeräusche von sich gab.
Du hättest Stielaugen gemacht, wenn Du gesehen hättest wie Nüsse und Pastillen mit dem Detektor abgewandert werden und mucksmäuschenstill sind.
Weniger schön: Knoblich hat zwei Briefe (vom 15. und 17. Juli) (1) beschlagnahmt und ich wüßte selbst unter Folter nicht mehr, was in ihnen stand. Die Begründung lautet, ich sei in ihnen bestrebt, mit Hilfe »diffamierender Äußerungen über die Justiz und gegen mich ermittelnden Behörden, Dich von meiner Überzeugung zu überzeugen, die darauf hinzielt, die bestehende freiheitlich demokratische Gesellschaft abzuschaffen«. Genau das steht in dem Beschluß. Wie gut, daß Knoblich über Dich wacht. Aber Scheiße, daß ich natürlich nicht weiß, ob und welche Bücher ich in diesen Briefen bestellt habe, ich führ' darüber ja nicht Buch. <u>Werde</u> es aber wohl verflucht müssen. Und die Oberscheiße ist natürlich, daß durch diese Beschlagnahmerei sozusagen jeder höhere Gedanke im Keim erstickt wird. Pflanzen, das fällt mir immer öfter ein, hirnlose Substanzen, die wir werden sollen.
Alle Klamotten sind beschlagnahmt worden, Du kannst also getrost welche besorgen. Darunter eine blaue Brille. Ich <u>muß</u> hier aber, immer mit mir und der Revolution via Zeitung allein, ein paar Vögel ausgraben, die Romane des 19. Jahrhunderts sind sowas, Du verstehst, die alte Kuh Mystik melken, auf ihrem schwarzen Rücken liegen und los. Dazu würde sone blaue Brille möglicherweise Dienst leisten; und zwar genau die, die ich hatte (sie ist z.B. leicht, verursacht keine Kopfschmerzen, das ist auch so ein Tanz, den ich lernen werde): es gibt sie (gab sie jedenfalls, was egal ist, er stellt sie, so

viel ich weiß, selber her) bei Optik-B(r)ennecke in Berlin, Ecke Ku-Damm/Schlüterstraße (34,– DM ?).
Ich hoffe, daß mich mein Gedächtnis nicht trügt, vielleicht siehst Du vorher in 'nem Telefonbuch von Berlin nach. Bestell' sie bitte (blaue Gläser, dünne gesprenkelte braun-beige Fassung und so Schnapp-Bügel, weißt Du. Das Beste ist, Du bestellst gleich so'n Schnapp-Etui aus Metall, Marke Opa dazu zwecks Versand, die hat der auch, möglichst klein).
Schreib mir, wann Du es bestellt hast und laß' es direkt hierher schicken, ich mache dann einen Antrag, heißt hier bei den Tanten »Bittsteller«. Gut, was?

Herzlich Gudrun

Fällt mir noch ein, falls Du's nicht schon getan hast, kauf' das T-Shirt-Unterhemd lieber nicht rot (schwarz oder blaugrau oder grüngrau oder irgendwas), sonst denken die womöglich, ich trage es als Signal für den Himmel, aus dem sich RAF-Flugzeuge stürzen. Aber brauchen tu' ich's (und bitte nicht so rund und mit Glockenärmeln).
Auch dies noch: Besorg' als Hosenklamotte Jeans. Und zwar blaue, ausgewaschene mit möglichst gradlinigen Beinen, weißt Du? Ist das einfachste und angemessenste, 1 Nr. größer als sie Dir paßt, ja? (Du weißt, daß man so ausgewaschene jetzt direkt kaufen kann? Allerdings Scheiße 78,– DM)
Um die richtige Pullover-Type zu erwischen (ich bin darin in meiner Lage, sowieso, empfindsam, siehst Du, das grüne statt des schwarzen, es brüllt mich vom Tisch her an!) fiel mir ein. Du hattest mal aus Amerika so'n grauen Pullover von mir, ja? So, nur nicht haarig, sondern glatte Wolle, »französische«.

(1) Zur Beschlagnahme siehe Anhang.

Nr. 12
18.8.72

Liebe Christiane,
wie ich's auch dreh' und wende in meiner Erinnerung, die beschlagnahmten Briefe schrieb ich in der Kellerzelle, und das wirft etwas Licht in das Hirn des Herrn Justiz Knoblich. Weiß Gott, er hat wirklich die Tassen der Justiz darin. Denn in diesen Briefen tat ich nichts anderes als be-schreiben z.B. den Knast hier (mit reichlich unpolitischen Betrachtungen über den Unterschied zu Preungesheim, das ein Damenstift, eine pädagogische Provinz ist zu dem Hasenstall hier). Die Erklärung für die Reaktion des Herrn Knoblich überlasse ich zweckmäßigerweise Dir.
Wenn also meine Zeitrechnung Kellerzelle stimmt, dann enthielt ein Brief etwa folgende Bücher:
Hoelz (wovon ich beim Besuch auch sprach)
Robert Lamberg, dtv, »Guerilla in Lateinamerika«
Jackson: In die Herzen ein Feuer
Seale: Wir fordern Freiheit
Régis Debray: Revolution in der Revolution; ist vielleicht schwierig, rauszukriegen, wo es zu kriegen ist; war 'ne Weile vergriffen, erschienen mal im Trikont-Verlag, München. Frag' den Buchhändler.
Encounter, July Nr.
Lautréamont, Gesamtwerke (Rowohlt-Paperback)
Inzwischen bin ich ganz schön scharf auf diese Art Bücher; liegt nicht an Dir, ist mir klar.
Noch ein Wort zu Knoblich: Du verstehst ihn besser, wenn Du Dir vor Augen hälst einen Grundsatz der Justiz: <u>eine gründliche Verachtung aller Theorie</u>.
Ein Brief von Ruth hat mich – trotz Deiner Vorwarnung – schockiert. Die Last der Versorgung meiner Person bleibt also ausschließlich bei Dir. Daß Du mir sofort sagst, wenn Du die Schnauze davon voll hast oder besser schon: wenn Neigung und Pflicht auseinander gehen in der Sache, davon gehe ich doch aus.
Versteh': die Vorstellung, mich auf die »Ladenkasse« einzu-

lassen (das ist eine kurze Art, die Art der Beziehungen zu Menschen in dieser Gesellschaft zu bezeichnen, ich weiß, wovon ich da spreche, weil die meinigen längst genug daran darbten), würde nur den Knast nicht erträglicher, sondern unerträglicher machen. Daß da jemand will ist doch die Voraussetzung, die den ganzen Krempel, mit dem ich Dir in den Ohren liege, ermöglicht.
Daran kann auch der BGH-Beschluß nichts ändern, obwohl das natürlich genau seine Funktion ist: die Art der Beziehungen und der Kommunikation haben wir Typen natürlich durch unsere Praxis ganz schön verändert. (DAS Rätsel – wie denn nun, was denn nun, wer denn nun – an dem die Presse mit ihren Vermutungen so fürchterlich scheitert und ganz beleidigt Auskunft fordert; oder ein zweites Beispiel: In der Begründung für den »Angehörigen«-Beschluß steht von der Sprache in nicht-familiären Briefen und Publikationen, sie sei nicht verständlich, deshalb unkontrollierbar) – also die Funktion: uns zu domestizieren, und zu re-bourgeoisieren.
Nur funktioniert das natürlich nicht. Aber in dem Zusammenhang mußt Du die Beschlagnahmerei sehen, sie ist die Fortsetzung des Beschlusses mit anderen Mitteln, und ihr Ziel: Du hast die Schwester zu sein, die der Verlorenen zu Hilfe eilt, die ihrerseits alle Merkmale einer Schwester bitte, danke, wie lieb, wie nett, zu äußern hat und sonst nichts.
Dein Gesicht und Deine erste Bewegung beim 1. Besuch versprachen aber die andere Sprache, ich habe es deutlich vor mir. Sollte ich mich jetzt oder später darin irren, sag' es mir sofort. Das ist – noch einmal – die Voraussetzung. Wie könnte ich mich sonst über grün statt schwarz beklagen he? Ich könnte es nicht. Ich tu' es aber. Es ist mir wichtig, daß ich es kann.
(Du verstehst, wo das Problem liegt, und wo die Lösung?)

Herzlich Gudrun

Nr. 13
27.8.72

Liebe Diddel (1),
nochmal ein Billett wegen der Kälte, weil ich nämlich vor ein paar Tagen stundenlang mit Schüttelfrost im Bett lag, das ich gerade noch rechtzeitig, schwarz vor Augen, erreichte. Das liegt natürlich nur zum Teil an der Kälte; darüber hinaus an dem Kreislauf einer Person, die sich beschränkt bewegt. Mich hat das Ereignis insofern berührt, als ich doch täglich fromm Leibesübungen mache, alle 2–3 Stunden, manchmal mehr, manchmal weniger (weil es natürlich manchmal gar zu deprimierend ist in dieser Stille). Jetzt kriege ich vom Arzt täglich eine Tablette und Du bitte, verschaff' mir die drei Dinge, die ich zum Existieren hier brauche:
T-shirt – Unterleibchen
Strumpfhose, dick, ohne Synthetics – Arwa hat solche
Schuhe, die möglichst bequem und gleichzeitig der Anstalt kontrollable sind, plus nicht allzu häßlich.

Gruß Gudrun

(1) Diddel war Christiane Ensslins familiärer Kosename.

Nr. 14
29.8.72

Liebe Christiane,
Augen, Bewegungen, Sprechen, Lachen, Wut – lebensnotwendig. Die Isolation, die sie beliebig lang gegen uns verfügen können, dazu fällt mir ab und zu immer nur de Sade und Blanqui ein, beide waren etwa 30 Jahre ihres Lebens gefangen und isoliert. Andere, z.B., die im KZ waren oder sonstwo viele Jahre in Haft, sprechen immer von der Wichtigkeit der Beziehungen zu anderen Gefangenen, klar wieso. Insofern ist die Isolation kein Rechtsmittel, sondern ein Kampfmittel. Und insofern klage ich natürlich nicht darüber, sondern ich lache. Und außerdem s.o. gibt es ja also diese erfreulichen 30 Minuten. Dazu heute abend schließlich noch die Aushändigung einer Haarbürste (ich wußte es: ein Schneegestöber) und gut riechendes Shampoon, urteile selbst: was für ein Tag.

30.8.
Die Beschwerde gegen Schilys Ausschluß ist verworfen (1). Ein enormes Stückchen.

Noch zu den 30 Minuten: Scheiße, die Kürze, ich raffe die Eindrücke – hinterher läuft das in alle möglichen Richtungen, solange bis ich denke: das ist es. Bei Dir sieht's wohl nicht anders aus, d.h. Dir selbst sind Deine Antworten natürlich auch nie lang genug um Dich zu befriedigen. Aber es geht schon und Du wirst sehen, man lernt das, man entwickelt ziemlich schnell die notwendigen Fähigkeiten. Der Blinde. Wobei es natürlich die Lüge ist, die sagt, man gewöhne sich daran; der Schmerz läßt nicht nach und nur die Ideologie dazu bringt so Haarsträubendes zusammen, daß schließlich einäugig, einarmig »besser« wäre in dieser oder jener Hinsicht.
(Mir fiel noch ein: Gottfried soll unabhängig von Dir 'ne

Besuchserlaubnis verlangen; und Du eben wieder in 4 Wochen.)

Herzlich Gudrun

(1) Beschwerde gegen Schilys Ausschluß siehe Anmerkung 3 zum Brief vom 20.06.1972 .

Nr. 15
3.9.72

Liebe Diddel,
Du kriegst ja an der Numerierung mit, wie oft sich Knoblich bemüht. Macht und Furcht gepaart – ein gutes Beispiel (für das, was mit Papiertiger gemeint ist).
Er verhindert auf diese Weise natürlich auch Bücherlisten. Aber das Entscheidende ist, daß er die Briefe verhindert, denn solange ich welche schreibe, schreibe ich solche oder eben keine. Das wird sich zeigen nach Beschwerden und Verfassungsbeschwerde.
Und was Dich betrifft, bin ich dann zwar u.U. der Freude beraubt, Dir dies und jenes vielleicht erklären zu können, Du aber nicht der Möglichkeiten, Dir die Erklärungen für etwas solange zu suchen, bis Du sie gefunden hast, eine Sache also geklärt ist, soweit das möglich ist.
Ich schreibe hier nochmal Bücher zusammen, weil ich nicht weiß, in welchem Brief welche und ob doppelt siehst Du ja:
Lautréamont: Gesamtwerk, Rowohlt Paperback
»Encounter« July-Nr. 1972
Ullstein, »Junkie«, Burroughs, 3,80.
eva-reihe, Hermann Weber »Die Wandlung des deutschen Kommunismus«, gekürzte Stud.-Ausgabe, 9,–
Hanser-Reihe, Nr. 16, Das Denken von de Sade
Engels/Marx, Band 7, Dietz Verlag, Berlin
Benjamin, ed. Suhrkamp, 103, Kritik der Gewalt
eva-reihe, »Spätkapitalismus und Klassenkampf«, (18,–)
Verlag Dr. Hans Hegner, 53 Bonn-Bad Godesberg »Protokoll der Bundestagsdebatte über innere Sicherheit«, (2,80)
Märchen – 1001 Nacht, Andersen, Oscar Wilde
Brecht: Galileo Galilei
Brückner: Zur Sozialpsychologie des Kapitalismus (EVA?)

Herzlich Gudrun

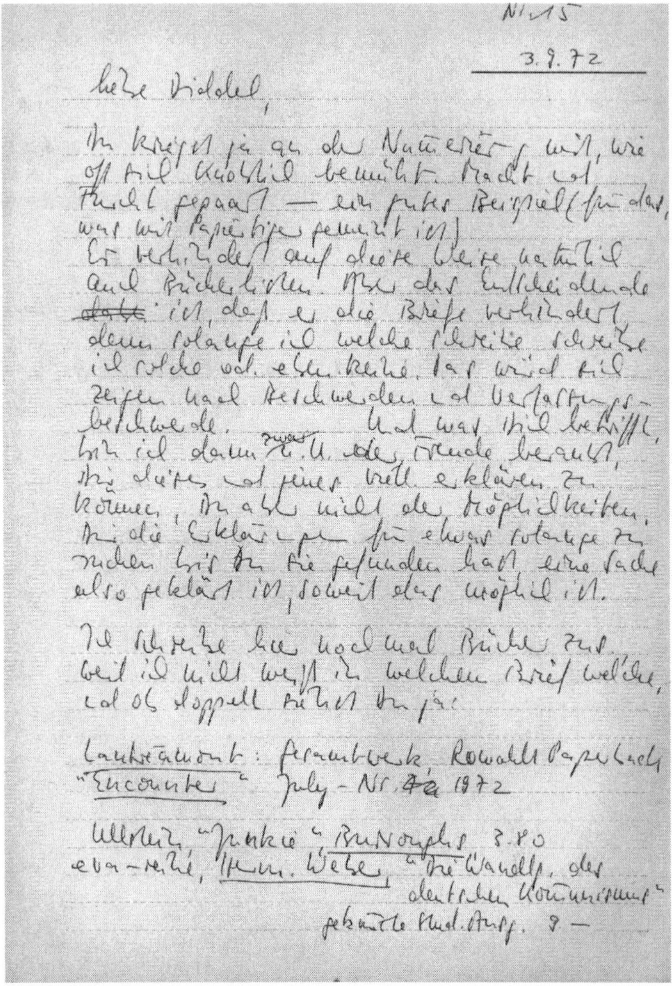

Nr. 15

3.9.72

liebe Diddel,

Im Knast gehört zu der Numerierung nicht, wie oft sich Knastwill bemüht. Macht und Furcht gepaart — ein gutes Beispiel (für das, was mit Papiertiger gemeint ist)
Er verhindert auf diese Weise natürlich auch Bücherlisten. Aber das Entscheidende ist, daß er die Briefe verhindert, denn solange ich welche schreibe schreibe ich solche und eben keine. Das wird sich zeigen nach Beschwerden und Verfassungsbeschwerde. Und was mich betrifft, bin ich darum zwar z.U. der Freunde bewußt, mir dieses und jenes nicht erklären zu können, darum aber nicht der Möglichkeiten, mir die Erklärungen für etwas solange zu suchen bis du sie gefunden hast, eine Sache also geklärt ist, soweit das möglich ist.

Ich schreibe hier noch mal Bücher zus. weil ich nicht weiß in welchem Brief welche, und ob doppelt schickst du ja:

Lautréamont: Gesamtwerk, Rowohlt Paperback
"Encounter" July - Nr. 1972

Ulrike, "Junkie" Burroughs 3.80
eva-reihe, Herm. Weber, "Die Wandlung des deutschen Kommunismus"
gekürzte Stud.Ausg. 9.—

Hanser-Reihe, Nr. 16, Das Denken von Sade
Engels/Marx, Bd. 7, Dietz Verlag, Berlin
Benjamin, ed. suhrk. 103, Kritik d. Gewalt
eva-reihe, „Spätkapit. und Kl. kampf" (18.–)
Verlag d. Hans Hegner, 53 Bo-Bad Godesberg,
„Protokoll d. Bundestagsdeb. üb. innere Sicherheit
(2.80)
Märchen (1001 Nacht, Andersen, Oskar Wilde)
Brecht: Galileo Galilei

Brückner: Zur Sozialpsychologie des Kapitalismus
(EVA ?), Stgt. 20.– Hanser

Herzlich
Andreas

Nr. 16
9.9.72

Liebe Christiane,
solange die beschlagnahmten Briefe beschlagnahmt sind (1), werde ich keine Briefe mehr schreiben. Verstehst Du: bei jedem Wort an diese scheußliche Kröte denken, ob es ihr noch gefällt oder schon nicht mehr. Das mache ich nicht, schon aus ästhetischen Gründen. Ganz abgesehen davon, daß die Beschlagnahmerei platte Willkür ist. Sollen sie den Beschluß vom 12. Juni (an Angehörige nur) (2) schön brav noch weiter weg vom Grundgesetz rücken, damit auch jeder schön klar sehen kann, was da los ist, so jedenfalls geht's nicht: an Angehörige und dann doch nicht mal an Angehörige; sollen sie uns das Briefeschreiben ganz verbieten; verstehst Du?
Wenn Du die Klamotten für die Kammer schickst, schreib dick außen drauf: »Zur Habe des Gefangenen«, sonst schicken sie es womöglich retour! Und bring' beim nächsten Besuch 1 Paar Burlington-Wollkniestrümpfe, grau oder beige oder so mit, dann tausche ich die, die ich habe (Schweißfüße, Synthetics. Schon deshalb schreie ich nach Wolle!), das T-Shirt »Unterleibchen« und die Strumpfhose bringst Du dann auch am besten mit, dann kann man mit allen Zuständigen auf einem Haufen klären, ob das die Gefangene kriegt oder nicht.
Sei umarmt,

Gudrun

Sieh mal bei Gelegenheit nach, ob es von Hieronymus Bosch einzelne Nachdrucke gibt (ein Bildband ist zu teuer), wenn, schick' mal einen, einen auf dem möglichst viel Lust und Grauen drauf ist, ja?

(1) Zur Beschlagnahme siehe Anhang.

(2) Siehe Anhang.

Nr. 17
26.9.72

Liebe Diddel,
was für ein Brief! Hab' mich gefreut – klar wieso: es regt sich, auf höherer Ebene natürlich, sowas wie das gemeinsame gegenseitige Leibchen zuknöpfen (na, so 1949 rum im Gästezimmer, das immer etwas wärmer war als das Schlafzimmer, morgens, vor der Schule, in Tuttlingen) verstehst Du: unser Verhältnis begann natürlich danach falsch zu werden, mit der soziologischen Trennung, du Mittelschule, ich Oberschule, bzw. dem falschen Bewußtsein davon, daß das wichtig wäre (natürlich ist es »wichtig« im bürgerlichen Sinn, die Konkurrenz-Ideologie); das konnte dann nur immer beschissener werden, oh natürlich ganz neben und ganz trotz der vorhandenen Gefühlsgründe, die ja bekanntlich niemanden hindern, sich konkret wie ein Idiot, ein Schwein, ein Wolf zu verhalten. Jedenfalls was mich angeht, war ich, als ich schließlich damals länger bei Euch in Köln war (1966?) voll bis obenhin von dem Gefühl, daß eine irrsinnige Menge an mir, an Euch, an allem, nicht stimmt, aber was denn nun und wie denn nun hätte ich Euch sowenig erklären können wie mir selber, also habe ich eben schweigend Nudelauflauf gebacken.
Das hat sich geändert. Wodurch? Schah – Kurras – Ohnesorg (1), das ist jedenfalls die kürzeste Erklärung, die ich geben kann, und zum Erklären sind sie allerdings geeignet, weil selten (darin steckt Methode) Faktoren, die zusammen gehören, auch zusammen sind, was prompt wieder der (falschen) Argumentation dient, ihr Zusammentreffen sei ein »Zufall«. Also, damit war es eben so, daß mir plötzlich mal klar wurde, wozu die Begriffe da sind, die ganze parzellierte Scheiße, die bis dahin dank meiner privilegierten Existenz als bürgerliche Tante in meinem Kopf und sonstwo zusammengekommen war, wurde plötzlich lebendig, überschaubar, und: da beginnt auch schon das Verbrechen – Anleitung zum Handeln. »Verbrechen«, weil ja Arbeitsteilung Gesetz ist. Also: der eine denkt, womöglich noch Gott lenkt, und der andere arbeitet, und noch ein anderer handelt für ihn. (In dem Zusam-

menhang überleg' mal das konflikt-trächtige Problem der »Bildungschancengleichheit« und warum Reformen die Lösung nicht sein können; Leute wie die Hamm-Brücher (2) füttern natürlich den Wolf, der sie auffrißt, deshalb bekämpfen solche Leute wie der CSU-Meyer-Kultusminister (3) in ihr schon den hungrigen Wolf, versteh': Bildung, Wissen für die Massen ist dem Kapitalismus objektiv gefährlich. Deshalb ist es nur allzu verständlich, wenn sich jetzt z.B. CDU-Initiativen regen, aus öffentlichen Büchereien die linke Literatur doch bitte zu entfernen, man bedenke: mit dem Groschen des Steuerzahlers derart unternehmerfeindliches Zeug, wo kommt man da denn hin! Und in der Mitte davon das schöne Grundgesetz: hilflos.
Schön, also der beschriebene Vorgang im Bewußtsein setzt natürlich voraus, daß ein Mensch noch das macht, was er ja soll: denken, also die Ursache von der Folge unterscheiden. Und an dem Punkt liefert die kapitalistische Gesellschaft (laß' mal die sogenannten sozialistischen Länder hier weg, darüber reden wir auch mal – behalte nur schon jetzt im Auge, daß die Regierungen der UdSSR, der DDR usw. die revolutionäre, sozialistische Bewegung nicht ganz so, aber doch auch fürchten wie die kapitalistischen Regierungen) ein schönes Bild: die zerstörte Psyche, die total betriebene und total erreichte Trennung von »Kopf und Gefühl« (was Du beschreibst und beklagst von Dir), von Kopf und Hand und Kopf und Votze. Klar, daß bei soviel systematisch (und System heißt: der Grundwiderspruch zwischen Lohnarbeit und Kapital produziert eben nichts als Widersprüche plus die Maßnahmen natürlich, die blendenden, um die Widersprüche doch immerhin zu kleistern und zu flicken, das muß ja sein, so aufgeklärt ist man ja schließlich, wenn auch u. U. »leider«, und wenn auch der Kleister z.B. Auschwitz nicht verhindern konnte, auch wieder »leider«) also klar, daß bei soviel systematisch produzierter Unsicherheit wiederum ganz natürlich das »Bedürfnis« nach Sicherheit rausschaut, und solche Bedürfnisse werden, auch wieder ganz natürlich, sogar befriedigt, insofern die Befriedigung denen nützt, denen der Zustand nützt, der das Bedürfnis produziert. (Ver-

standen? Ich meine, das Beispiel für das, was man Manipulation nennt? Ich sage das, weil seit etwa 68, aber seit diesem Jahr erst wirklich auf breiter Ebene, Springer und so, versucht wird, die Begriffe zu unterwandern, indem man z.B. sagt, wenn in der 1. Ausgabe eines Buches »obwohl« steht, und in der 2. Ausgabe »weil«, sei das ein Beispiel für Manipulation; oder »links« sei gleich »rechts«, was einfach nicht wahr ist, l nicht gleich r, i nicht gleich e, da fängt's ja schon an.) Also, Schwester, wenn Du die Herkunft der Unsicherheit siehst, beginnt sie sich schon mal dahin zu verziehen, wohin sie gehört: auf den Mist. Und red' doch mal mit den Rundfunktypen, die Du kennst: wer solche Kausalität auch nur mit der Soziologen-Brille, Philosophen-Brille im Namen des Grundgesetzes befragt, kennt inzwischen den Maulkorb, oder er hat sich eben mit den himmlischen Mächten arrangiert, das soll vorkommen, um der Butter auf's Brot statt Margarine willen, oh, verständlich, verständlich.

Aber ich will ja, daß Du den Brief kriegst, also bleibe ich bei der Natur, gibt ja auch Tonnen kluger Bücher, das ohnmächtigste aller Heere. Du kannst allerdings von Dir nicht mehr behaupten, es fehlte an sinnlicher Erfahrung von Du-weißt-schon-was. Also mach' Dich mal dran oder weiter, auch wenn's entsetzlich mühselig und langweilig ist. Dich stören die Begriffe (»System« und so, meintest Du sowas beim Besuch z.B. mit »stramme Parolen« – das stramm stammt dabei von Dir, und woher es kommt, ist auch klar: die Sachsen, die Brüder, mithilfe deren Existenz man einem das Rotwerden gelehrt hat, oder aber die Nazis, die ja auch Parolen hatten), aber die Begriffe sind nötig, man wird sonst nämlich <u>verrückt</u>, auch so ein Kapitel s.o. und bitte, woher kommt denn der Widerwille (ich kenne ihn) dagegen? Ich würde sagen, von dem schön deformierten Bedürfnis nach Harmonie, die Glorias des Überbaus, die tragende Funktion der Künste (die ich liebe, aber sicher auch erst, seitdem ich das Museum verlassen habe) und verflucht, <u>kein</u> Wunder, daß bei so viel ungeklärter und erdrückender Scheiße der menschliche Schrei nach Harmonie – wie es heißt – sich Bahn bricht; daß

er zum Vehikel der Blindheit wird, das ist das Wunder, und das kann man ändern.
Nimm' das Wenige, das ich Dir (zensurgerecht) sagen kann mal zwischen die Zähne, bis Du was raushast; nicht ich muß Geduld haben (das ist keine Frage mehr), sondern Du, weil die 33 Jahre sich als eine Menge Hindernisse vor Dir türmen, »das Sein bestimmt das Bewußtsein«, so ist es, stammt von Marx, dem Philosophen, der die Kaste ruinierte insofern er den Satz sprang aus der Quantität in die Qualität, sozusagen; natürlich ein schrecklicher Verrat.
Sieh' mal, Du sagst »klein und aggressiv« kommst Du Dir vor, wenn das Tor zu ist – weißt Du, daß das die vielleicht kürzeste Formel für das ist, was »Armut in der Bundesrepublik« auf weiß ich wievielen Seiten sagt? Es ist das, was mit einem passiert, wenn man mit offenen Augen deklassiert, diffamiert, un-mög-lich behandelt wird, und dabei zusehen muß, wie gesagt ganz ohnmächtig. Das kommt von dem Ding, das sie Dir knatternd zwischen die Beine halten; darüber mußt Du doch lachen. Denn wie gesagt: die Ursachen.

Das Päckchen hast Du wohl zurückbekommen. Scheiße. Das Sicherste ist eben doch: mitbringen. Dann kann man an Ort und Stelle klären. Ruth soll mich nicht besuchen, ich schrieb' es ihr ja, mit »Einsamkeit und Ozean« kann ich nichts anfangen. DU sollst mich besuchen und vielleicht Gottfried; jedes Mehr wird unter den herrschenden Bedingungen zum Weniger und weniger als Dich, verstehst Du, will ich jedenfalls nicht freiwillig. »Arwa« hatte solche Strumpfhosen, zwei rechts, zwei links; außerdem, wie gesagt, Burlington – Wollkniestrümpfe, bitte. (Schuhe krieg' ich jetzt über die Anstalt.)

Gruß G.

(1) Am 27. Mai 1967 sind der Schah von Persien, Reza Pahlewi und seine Frau Farah Diba auf Staatsbesuch in der Bundesrepublik. In dem kurz zuvor erschienenen Buch von Bahman Nirumand, »Persien – Modell eines Entwicklungslandes« wurde am konkreten Beispiel Persiens eine exemplarische Analyse der Dritten Welt formuliert. Das war Informationshintergrund für

400 Studenten, die gegen den Schah bereits bei seiner Ankunft in Bonn protestierten. Am 2. Juni 1967 wird bei einer Demonstration gegen den Schah vor der Deutschen Oper in Berlin der Student Benno Ohnesorg von dem Polizeibeamten Karl-Heinz Kurras erschossen. Kurras wird am 21. November 1967 vom Berliner Landgericht vom Vorwurf der fahrlässigen Tötung freigesprochen.

(2) Hildegard Hamm-Brücher trat 1948 der neu gegründeten FDP bei, wurde Mitglied im Münchner Stadtrat und Abgeordnete im bayerischen Landtag. 1967 wurde sie Staatssekretärin im hessischen Kultusministerium und schließlich 1977 Staatsministerin im Auswärtigen Amt.

(3) Prof. Dr. Hans Maier, Staatsminister für Unterricht und Kultur im bayerischen Landtag von 1970 bis 1986 und von 1971 bis 1982 Präsident der Kultusministerkonferenz.

Nr. 18
28.9.72

Liebe Diddel,
Du hast ja gesehen, ich lasse das Schreiben noch nicht. Es gibt die Stile, sie sollen mir nützen.
Ich schrieb das schon mal: daß ich Deinen vor Neugier brennenden Blick sehr wohl bemerkt habe, als ich nach einem Besuch mit den Wärterinnen im langen Gang verschwand. Nun ist es erwiesenermaßen aber so, daß nichts so sicher einen Brief in den Keller befördert wie ein Satz darin über das, was hier los ist. Weil hier ja aber nichts anderes los ist als eben draußen (was das Wesen der Dinge betrifft, nicht die Unterschiede, die es natürlich gibt; bedenke die Pyramide – die erklärt Dir aber: daß die Unterschiede nur wieder zum Wesen der Dinge gehören), nur daß hier nichts an Deutlichkeit zu wünschen übrig läßt – also die Ursachen (wo ca. 80% der Gefangenen herkommen, und daß natürlich so gut wie alle einen irren Hau weghaben), die Mechanismen der Zwänge. – Weil also nirgends so deutlich zu sehen ist, wie fiktiv »Sozialisierung« ist, sagen manche: das Gefängnis sei die Schule der Revolutionäre. (Was allerdings nur für den noch bürgerlichen Ranzen zutrifft, ansonsten dient diese Definition eher der Beschönigung.)
Also: ich werde es lassen, das naheliegende Beispiel zu benutzen, das außerdem ja noch den Vorteil hätte, Dein Interesse schon zu besitzen, weil <u>ich</u> drin bin oder weil der Bürger den Schauder liebt, das läuft am Ende auf eins raus. Du wirst das Beispielhafte mehr und mehr entdecken, denke ich.
Die größte Schwierigkeit für Dich wird sein, und das zu erklären ist unsere Schwierigkeit, warum ein Revolutionär den Glauben an die Reformen nicht teilt; weil sie als kurzfristige Praxis eben leichter wie eine Lösung aussehen und weil sie aber, wenn man den Gesetzen der Geschichte auf den Grund geht, die Lösung nicht sein können; wenn man das Ziel der Revolution mit dem »autonomen und verantwortlichen Menschen« definiert (man kann es so sagen), dann hat man selbst hier, in Westeuropa, das falsche Spiegelbild ja immer-

hin doch vor der Nase; und natürlich ebenso die irre starken Möglichkeiten, mit denen das Spiegelbild verteidigt wird, also die faktische Verbürgerlichung des Proletariats auf Kosten der 3. Welt – ein Preis, den z.B. ich eben nicht bezahle; und dieser direkte Zusammenhang wird ja auch, wenn man ihn schon nicht mehr vom Tisch kriegt, runtergespielt auf jede Weise.
Gottfried war hier, eine irre gute Überraschung, diese Erscheinung, dieser Sieg (verstehst Du?) Scheiße, wenn es so ist, daß sie Dich erst in 4 Wochen lassen, dann achte mal drauf, daß es wenigstens nicht 5 oder 6 Wochen sind.
Wie bis jetzt immer.

Gruß G.

Nr. 19
8.10.1972

Liebe Diddel,
der BGH hat nun beschlossen, daß Bücher doch auch über die Anwälte, sofern diese die Bestellung über den Buchhandel bzw. Verlag leiten, besorgt werden können. Das vereinfacht die Sache. Bis jetzt habe ich sieben, Deine erste Liste, worunter Lukacs ist. Im Jahrbuch 3 (Wagenbach) sind ein paar Beiträge, die Dich interessieren könnten, obwohl sie natürlich entsetzlich fade sind im Vergleich zu Fanon z.B. (kennst Du? »Die Verdammten dieser Erde«, wirklich ein Pusher; wie weit der Begriff des Kolonisierten zu interpretieren ist, begreifst Du über die Schwarzen in USA, Fanon ist für Seale/Newton irre wichtig gewesen; ich würde aber auch sagen, daß seine Analyse dem Klassenstandpunkt eines Westeuropäers enorm auf die Beine hilft).
Was die Piepen angeht, wirst Du froh sein, diesen Sektor nicht mehr ganz allein tragen zu müssen, kommt nur auch drauf an, daß auch Groenewold nicht allein damit sitzen bleibt. Ich sagte auch Gottfried, wer immer ihn fragt: Geld an Dich schicken.
Ich hab' jetzt noch 50.- auf dem Konto (»Stern« usw. sind für 1 Jahr bezahlt), brauche also wieder was, ich hoffe, daß ich den Rest des Toilettenkrimskrams demnächst hier kriege. Wie gesagt, wenn Dir die Flocken Sorge machen (die Klamotten kosten), mußt Du Dich wehren.
Schaff' auch bei Gelegenheit irgendeine Art alten Koffer oder Tasche ran, worin das Kammerzeug die Jahre überdauern kann; was heißt »alt«, halt symphatisch, eine Frage der Totalität, verstehst Du.
Bring', wenn Dich der Brief noch rechtzeitig erreicht, zwei Paar Kniestrümpfe mit, die ersten sind schon kaputt, Gummi = null.

Wie geht's?

Gruß G.

Nr. 20
14.10.72

Liebe Diddel,
etwas, wovon ich erstmal feststellen will, daß es keine Anweisung, weder zu illegalem noch zu legalem Handeln, sondern eine Empfehlung zu legalem Handeln darstellt: wenn Dir Leute Grüße auftragen an mich, dann frag' sie mal gleich mit, ob sie auch wollen, daß Du sie bestellst. Obwohl ich mich und vielleicht auch Dich damit mal wieder um einen Spaß bringe.
Ich wollte, ich könnte sagen, lies' mal Lukacs »Geschichte und Klassenbewußtsein«, aber es ist ein theoretisches Ding und läßt sich nicht »mal so« lesen, nur ist es tatsächlich das, was den »Klassenstandpunkt« so gründlich wie nötig von den Voraussetzungen aus erklärt und klärt; ich kann noch so viel Dir sagen oder schreiben, wenn es mir nicht gelingt, die Dialektik als den Groschen einzuwerfen, bin ich am Arsch, sozusagen. Sie ist es, die als die treibende Kraft der Geschichte eben nicht nur die Revolution selbst als <u>Moment</u> des geschichtlichen <u>Prozesses</u> darstellt, sondern sie ist genauso und gleichzeitig (das gehört zu ihrem Wesen: daß sie etwas in <u>jeder</u> Beziehung ist) auch das, was die Analyse einer Situation ermöglicht und daraus die Richtung (und den Inhalt) bestimmt, die revolutionäres Handeln sein kann und ist. Und eben genau <u>nicht</u> in der Art, wie das bürgerliche Denken und die bürgerliche Wissenschaft es tut: als kleine Summe einer Rechnung, 1+1=2 oder stark ist stark, also bleibt der Schwache schwach, sondern eher (obwohl ich da was auf gröbste Weise vereinfache, ist aber sozusagen zulässig): weil stark jetzt herrscht, gehört dem Schwachen die Zukunft. Aus dieser Vereinfachung hat die Sozialdemokratie so um 1900 angefangen und dann nie wieder aufgehört, ihre Linie wieder linear zu bestimmen, die Dialektik aus dem Programm geschmissen und mit ihr das revolutionäre Element. Wenn Du Luxemburg »Sozialreform oder Revolution« mal gelesen hast, weißt Du das ja.
Weil die Dialektik eine größere Anstrengung der Vernunft darstellt, kam nun und kommt immer wieder der Eindruck

zustande (wiederum das bürgerliche Muster: das lineare, einfach summierende bürgerliche Denken auf etwas angewandt, auf das es nicht passen kann – natürlich kommt dabei immer was Bürgerliches raus, irgendein Mist, was Falsches, oder propagandistisch gesehen: Dreck), kommt also der falsche Eindruck raus: Revolutionäre seien hoffnungslose Idealisten oder besonders wagemutige, mutige Leute. Das ist nicht der Punkt, sondern der Punkt ist, daß sie mal etwas begriffen, das nicht wieder loslassen, auch wenn der Weg – das haben sie natürlich gleich mitbegriffen, gehört zwangsläufig zur Sache – sehr dornenreich und eher hoffnungslos statt hoffnungsvoll ist. Es ist die alte Sache vom Linsengericht, verstehst Du, nur statt des menschenfeindlichen Jenseits die Sache in's konkrete Hier und Jetzt befördert.
Ich quatsche davon, weil mir mal wieder eingefallen ist, woher ich es eigentlich nehme, Dir zu sagen: lies' Wagenbach, dies und das, wo doch jede Zeile von Marx (oder Luxemburg, oder Lukacs, sie sind Marxisten ohne Fehl und unbestechlich) Dir mehr erklärt (und das aktuelle Material zu Marx sind diese spannenden Sachen von Jackson, Malcolm X (1), Cleaver (2), Seale, Fanon, auch Max Hoelz (3), eben von Leuten, die redeten und kämpften). Und wichtig ist auch noch, daß Du den einen Mist, der immer einem bürgerlichen oder nicht total ent-bürgerlichten Hirn entstammt, ganz und gar los wirst: nämlich die idiotische Idee von einem putschartigen Aufstand, wonach natürlich ein Chaos das andere, ein Räuber den nächsten Räuber ersetzen würde, das ist sonnenklar. Das hat aber mit Revolution nichts zu tun, sie kennt kein »Endziel«, das ist, mußt du wissen, immer schon ein faschistisches Produkt und Ziel, und ganz und gar ungeschichtlich und furchtbar dumm. Ziele (Plural!) gibt es natürlich, sehr viele sogar.
Und jetzt noch ein Zitat, das vielleicht ein bißchen von dem Problem erklärt, das wir faustdick, knüppeldick, hageldick natürlich haben: wieso vom Proletariat die Rede ist und jeder Revolutionär die Aufgabe hat, vom Proletariat zu reden, auch wenn es selbst noch nicht von sich redet, geschweige denn als Subjekt handelt (als Objekt handelt die bürgerliche Klasse mit

ihm. »Es handelt sich nicht darum, was dieser oder jener Proletarier oder selbst das ganze Proletariat als Ziel sich einstweilig vorstellt. Es handelt sich darum, was es ist, und was es, diesem Sein gemäß geschichtlich zu tun gezwungen sein wird.« (Aus Marx/Engels, »Die heilige Familie«)
(Zum Begriff »Sein« gehört notwendig der vom »Schein«, in der sog. liberalen Öffentlichkeit ist dieser Widerspruch immerhin zugelassen als z.B. der Widerspruch, wie es dann immer heißt, zwischen »Verfassungswirklichkeit« und Verfassungstext – Buchstabe.)
Wenn Du diesmal kommst, wäre es gut, Du brächtest auch die Klamotten mit, die für die Kammer bestimmt sind, wer weiß, wann ich als Zeuge auf Reise gehe, das würde ich ungern in dem Knastzeug. Vergiß' darum auch nicht die Slips, die Dinger hier hängen mir von Brust bis Knie.

Sei umarmt
Gudrun

Schick' mal in einem Brief eine schwarze »Lamy«-Kugelschreibermine mit und wenn es das gibt, eine rote (»Lamy Exact M 16« steht auf der, die ich jetzt habe.)

(1) Malcolm X, 1925-1965, beging als Jugendlicher kleinere Diebstähle, betätigte sich im Schwarzhandel und hielt sich mit Gelegenheitsjobs über Wasser. Anfang 1946 wurde er verhaftet und zu acht bis zehn Jahren Haft verurteilt. Im Gefängnis trat er der »Nation of Islam« bei. Nach seiner vorzeitigen Entlassung Ende 1952 wurde er Wortführer der Organisation. Ende 1963 brach er jedoch mit der »Nation of Islam«, gründete seine eigene Moschee und kämpfte für die Anerkennung als Moslem. Im Gegensatz zu Martin Luther King lehnte er Gewalt als Mittel nicht ab. Am 21. Februar 1965 wurde er in Harlem ermordet. Sein Tod ist bis heute nicht aufgeklärt. Die Wirkung von Malcolm X' Ansichten zeigte sich ein Jahr später in der Gründung der Black Panther Party.

(2) Elridge Cleaver war Informationsbeauftragter der Black Panther Party. Er schrieb das Buch »Seele auf Eis«.

(3) Max Hoelz, 1889-1933, linksradikaler deutscher Revolutionär, wurde zu mehreren Gefängnisstrafen verurteilt. 1929 übersiedelte er nach Moskau; vermutlich wurde er vom sowjetischen Geheimdienst ermordet. Er schrieb die Autobiographie: »Vom weißen Kreuz zur Roten Fahne«.

Nr. 21
5.11.72

Liebe Diddel,
Deine Briefe werden, wenn ich das mal so sage, immer besser, ich freue mich sehr. »Sklavische Ergebenheit und elementarer Ausbruch« ist nicht die Alternative; wenn das so wäre, wäre die Sache ja sehr einfach. Der erste Schritt, würde ich sagen: die falsche Toleranz aufgeben, die in Wirklichkeit der hintervotzige Handel ist: »schmierst du mir meine Lügen, schmier' ich dir deine«, oder »alles verstehen und alles verzeihen«, oder einfach und total: die komplexe, ALLES umfassende (ficken, beten, arbeiten, freizeitmachen usw.) bürgerliche Moral LASSEN, einfach nicht mehr mitmachen. Dabei wirst Du schnell feststellen, daß Du alles, was Du bisher weißt, Dir aber nichts nützte, sondern Dich behinderte, plötzlich sehr nützlich ist (also: was einer denkt, warum er so denkt, an was er hängt, die Scheinargumente, die Rationalisierungen, die opportunistischen Argumente usw. usf.). Diese Haltung ist und bleibt jede Minute aktuell, 1. weil man selber sich so einfach ja nicht umkrempelt und das Zeug einem wie mit Näpfen anhaftet, und 2. weil opportunistisches Reden und Handeln (meistens in der Form von Nicht-Handeln) einem auch unter Genossen dauernd über den Weg läuft, »natürlich«, siehe 1;
Das irrste Beispiel dafür liefern die ML-Genossen (1), die mit »dem Proletariat« umgehen wie weiland mit der Religion, darüber können wir mal reden, d.h. ich kann Dir 'ne Menge erzählen, wie das so gekommen ist, wie die notwendige Erkenntnis, daß »Organisation« irgendwie sein muß – als Folge der Selbstkritik an der anarchischen SDS-Phase (2), die ihrerseits nur richtiger Ausdruck des richtigen antiautoritären Aufbruchs war; wie also 'ne richtige Idee so zur fixen Idee, zum Fetisch geworden ist und werden konnte.
Du wirst sehr schnell sehr müde werden, wenn Du (oder wenn Ihr beide) allein bleibt, still vor Euch hinwurstelnd sozusagen; weil das tatsächlich nichts bringt. Obwohl natürlich: nicht mehr lügen und den Standpunkt vertreten zwangsläufig

den Laden, jeden Laden so stört, daß Du, sozusagen, sowieso schnell rausfliegst. Tausende haben das erlebt/erfahren – wo die jetzt sind? SUCHEN, Schwester; ich werde mich hüten, Dir einen Rat zu geben. Und wie suchen? Ganz einfach: wo sind die Schnittpunkte (die Widersprüche – also Randgruppen, von der Wiege bis zum Altersheim, Erziehungsheime, Knast, Schwule usw...) und, wo sind die Brennpunkte, wo ist was im Gange (das geht so in Wellen, mal bei Daimler in Untertürkheim wegen einer nicht-gewerkschaftlichen Betriebsratswahl-Liste, an der die Basis der Gewerkschaft wirkt, mal sind's paar Lehrer, na usw...) und, wo ist die »Speerspitze«. Das sind die orientierenden Fragen, würde ich sagen, und wenn es mit rechten Dingen zugeht, verlierst Du natürlich eine Menge (Krempel, Eigentum) und gewinnst Du – tja, wie soll man das ohne große Worte benennen.
Find' es raus. Du wirst es rausfinden. Ich habe jedenfalls festgestellt, daß so Sachen wie Sympathie ganz UMFASSENDE und KONKRETE Bedeutung haben; (oder eben: keine).
Ich denke, Du kommst mal bald, über 5 Wochen seit Gottfried hier war, glaube ich. An dem Knast <u>hier</u> liegt es ziemlich sicher <u>nicht</u>, wenn es nie alle 4 Wochen ist. Laß' Dir nichts erzählen.

Sei umarmt, Gudrun

PS: ich mach' mir natürlich etwas Sorge wegen der Piepen, die Du für mich brauchst. Mußt Du irgendwie organisieren.

(1) ML steht für »Marxisten-Leninisten«. Die MLer orientierten sich an den kommunistischen Parteien Chinas und Albaniens.

(2) Der Sozialistische Deutsche Studentenbund (SDS) wurde 1946 von der SPD als deren studentische Vertretung gegründet. Ab Mitte der 1950er Jahre kam es wegen der Wiederbewaffnung zu Spannungen zwischen SPD und SDS. Die Auseinandersetzung eskalierte auf dem Godesberger Parteitag 1961, auf dem der SPD-Parteivorstand einen Unvereinbarkeitsbeschluß verabschiedet, d.h. es wurden alle SDS-Mitglieder aus der SPD ausgeschlossen. Der SDS war die wichtigste linke Studentenorganisation und spielte eine zentrale Rolle in der Außerparlamentarischen Opposition (APO). 1970 löste sich der SDS selbst auf.

13.11.72

Liebe Diddel,
mal noch schnell, also vielleicht noch rechtzeitig diese Kleinigkeit:
achte bei dem Lumber Jack drauf

a) möglichst dunkel-farbig (braun) und
b) möglichst weich (und wie gesagt Gr. 46); »weich« deshalb, weil es zweierlei von den Dingern gibt, solche steifen und korrekten als Freizeitkultur für Kulturträger und Profitträger, und dann so schlappigere, ungefüttert bei »Selbach« für empfindsamere Seelen – und Kultusträger, Ästheten, die drauf warten, daß das Ding den 1. Fleck und den 1. Riß kriegt. Ja?

Natürlich objektiv dieselben Arschlöcher, nur zu den Dingern ein subjektiver Unterschied, der mir jetzt nicht egal ist.

Und Schuhe Gr. 40 (nicht 41 wie die Sandalen, trotz der dicken Strümpfe!) und dazu noch, Scheiße, 1 Paar Kniestrümpfe, wollen + stretch »Burlington«, die es in jedem größeren Schuhgeschäft in allen Farben inzwischen gibt (meist mit »dezenten Zöpfchen« o.ä. an der Seite).
Das Zeug, das man Dir zurückgab, schick' bitte im Weihnachtspaket mit.
Und natürlich, verflucht, danke; das halbe Stündchen – Pünktchen Pünktchen usw... und Du hast ja sehr gut und schön ausgesehen. Stimmt's oder trügt's
Sei umarmt
Gudrun

Hab' mich nochmal genauer erinnert: Julia und die Geister ist der schlechteste Fellini-Film (1), glaube ich; aber für Fellini hab' ich als geborene Bourgeoise natürlich was übrig, er erklärt – und die Schlußfolgerung überläßt er natürlich dir selbst; ob Du Dich (man sich) von dem Plunder trennt oder in seinen Fängen bleibt ist Deine, sicher nicht Fellinis Sache. Klar? Und natürlich langweilt mich Fellini inzwischen gewaltig; jede Tante hier hat entschieden irrere Realitäten in ihrer Seele und in ihrem Ranzen als Julia. Die Dialoge oder Monologe hier »an den Schotten« stellen Ionesco absolut in den Schatten. Genet (2) (kennst Du?) ist da noch am nächsten, wenn schon Kunst.

(1) Federico Fellini, 1920-1993, war einer der wichtigsten italienischen Filmregisseure. Den Film »Julia und die Geister« drehte er 1965 mit seiner Frau Giulietta Masina in der Hauptrolle. Der Film vermischt die Realität des Alltags mit den Ängsten und Hoffnungen, Erinnerungen und Träumen von Julia, die als Frau eines reichen Managers in Luxus und geselliger Langeweile lebt.

(2) Jean Genet, 1910-1986, Dieb, Streuner, Strichjunge, Zuchthäusler, Fremdenlegionär, schwuler poète maudit, der in Romanen (»Tagebuch eines Diebes«, »Querelle«), Theaterstücken (»Die Zofen«) und Gedichten sein Milieu drastisch wiedergab und gleichzeitig mystisch verklärte. Wegen verschiedener Delikte wurde er zu lebenslanger Haft verurteilt und in Fresnes inhaftiert. Mehrere Schriftsteller, darunter auch Sartre und Cocteau erwirkten 1948 seine Begnadigung. Später erregte er wie Sartre durch scharfe politische Stellungnahmen großes Aufsehen.

Nr. 22
16.11.72

Liebe Diddel,
erstmal das Lästige: gestern erklärt man mir, daß Du die Schuhe (für die Klamotten, die zu den Effekten kommen, für Reisen und Prozeß) NICHT kaufen darfst. Aber auch die Holzpantinen krieg' ich nicht, klar? Diese Bestimmung gäbe es eben für Schuhe und Strafgefangene. Es ist zum Verrücktwerden, dieses Hin und Her und die Hysterie, die zwischen vernunftgemäßen und unsinnigen Vorschriften/deren Handhabung nicht mehr unterscheiden kann. Aber so ist es.

Ich habe nun weder vor, die Schuhe zu tragen, die x-beliebig 'rangeschafft werden und mir nicht gefallen, noch habe ich vor, die arme Frau, die sie besorgen soll, so zu hetzen wie Dich. Also ist die Lösung zwischen Vorschrift und Gefallen diese: Du schreibst oder telefonierst an die Anstalt hier die Artikelnummer, Schuhgröße, Schuhfarbe und die Anschrift des Geschäfts, die können bestellen, es wird geschickt und die Rechnung an Dich, ja? Umständlich, gewiß; außerdem habe ich nochmal in Karlsruhe die Lieferung meiner alten Klamotten hierher beantragt, und eines von beiden Paar Schuhen wird ja wohl rechtzeitig hier sein; und wenn nicht, ziehe ich eben die Turnschuhe an, die ich schon habe.

Jetzt zum Weihnachtspaket, 5 kg, damit Dir in all der Wirrnis das klar ist: Du kriegst auch noch rechtzeitig einen Vorschrifts-Zettel und die nötige Paketmarke von der Anstalt geschickt.
Was ich gern hätte, weißt Du ja eigentlich schon, also die paar Kosmetik-Sachen, zu rauchen und paar nahrhafte Sachen. (Alpenmilchmädchen nicht vergessen, das Zeug mag ich irre – und je nachdem es mit dem Gewicht ist, 2 Kerzen und 1 Flasche Sanddornextrakt, kann man verdünnen und trinken)
Falls Du sone blaue Brille aufgetan hast, schick' sie über Post – Knoblich – Quatsch: bring' sie mit, und ich mach »Bittstel-

ler«, 'ne blaue Brille ist schließlich keine Sicherheitsfrage, verflucht.
Zu dem, was wir über Dich geredet haben: weißt Du, das Allerwichtigste ist, daß Du bestimmst, welche von den vielen Möglichkeiten Dir passen. Und weil man sich in Einschätzungen irren kann, ist es wichtig, daß Du Dir den Raum freihältst, der Korrekturen genau dann, wenn sie nötig sind, zuläßt.
Zum Selbstvertrauen, wofür Selbsteinschätzung eigentlich der richtigere Begriff ist, noch dies: es ist verrückt auf »Autoritäten« zu bauen, was nicht heißt, daß es Beispielhaftigkeit oder Leute, die tatsächlich viel kennen und wissen, nicht gäbe; oder daß man schon gemachte Erfahrungen ignorieren sollte – das wäre ja derselbe Quatsch wie von den Autoritäten, nur auf den Kopf gestellt. Zwischen beiden Polen befindest Du Dich und als solche bist Du das Allerwichtigste, deshalb sage ich: daß Du Dich von niemand und nichts und keiner Situation verunsichern lassen sollst; sondern eben fragen, solange bis Dir was klar ist, was Dir vorher unklar war (was Du entweder vorher weißt oder wußtest, ehe Du Dich an was machtest – oder eben merkst, in dem Du Fehler machst. Und Fehler sind gut, sage ich, weil sie wie nichts anderes einen belehren; und eine Praxis ohne Fehler oder Irrtümer ist sowieso undenkbar).
Sei umarmt, G.

PS: Wenn Du die Jacke nicht schaffst, versteh' das, ist mir mit 'ner alten Klamotte von Dir genauso gedient.

Nr. 23
23.11.72

Liebe Diddel,
noch mal zu dem Thema Kunst oder Ästhetik: Marx ist der Einschnitt, d.h. seine Entdeckung des dialektischen Materialismus als wissenschaftlicher Methode, d.h. das gesellschaftliche (materielle) Sein als das, was Bewußtsein produziert, also Bewußtsein von allem, ob von dem eigenen Sein oder von der Kunst oder von der Religion – egal. Er hat das nicht erfunden, sondern entdeckt: denn die Jahrzehnte vor ihm waren voll beschäftigt mit dem Problem der Irrationalität: denn alle nicht-dialektische Wissenschaft und Kunst fand sich immer vor der Schranke ihrer jeweiligen abstrakten Gesetzmäßigkeiten, d.h. vor dem unlösbaren, irrationalen Problem des Gegensatzes und Widerspruchs, der viele Namen und Begriffe hatte: Freiheit und Notwendigkeit, Subjekt – Objekt, Seele – Leib, Glauben – Verstand, Geist – Materie.
Als Beispiel eines Vollbeschäftigten: Kants »Seelensack«, in dem die Vermögen schön separat untergebracht waren: die praktische Vernunft, die theoretische Vernunft, usw...
Sämtliche Philosophen waren mit dem Problem enorm beschäftigt und so gut wie alle Künstler damals ebenso sehr, so daß sie fast alle ganz richtig auch Philosophen waren (und einer von ihnen, Hölderlin, ist an dem Gegensatz sogar buchstäblich wahnsinnig geworden): also das Problem des zerstückelten Menschen. Schiller ist der Sache inhaltlich am nächsten gekommen mit seinem philosophischen Satz: »nur da ist der Mensch ganz Mensch, wo er spielt« (1) – die Rolle der Kunst als Heilerin, könnte man sagen, natürlich ein Traum für wenige, wo also das Subjekt via schöpferischem Akt und frei von allen objektiven, seins-mäßigen Hindernissen die Wirklichkeit als <u>Totalität</u> schafft oder setzt, als Spiegel dessen, was der Mensch »verloren« hat. Halt die klassische Kunsttheorie. Die meisten Dichter und Philosophen sind ausgewichen vor dem Unerklärlichen in's Innere (Romantik), oder in's Mythische. Im Laufe des 19. Jahrhunderts dann entwickelt zum Realismus, am besten und konsequen-

testen die Franzosen (Flaubert, Balzac, Hugo), also der Künstler als Gewissen, als Gesellschaftskritiker, als Aufklärer (in der Tradition ist Fellini wohl zu sehen, oder Bunuel (2) z.B.).
Marx' Entdeckung, die ökonomische, gesellschaftliche Bedingtheit allen Seins und Bewußtseins, hat den Blick freigelegt auf das WERDEN, auf den Prozeß der Geschichte, auf Geschichte als etwas nicht aus oder auf Stein, bestenfalls nachzuerzählen als unerklärliche Anhäufung aus Zufällen + Genies, sondern als etwas, das gemacht ist, aus Interessen, die zum Zug kommen dann, wenn die ökonomisch-gesellschaftlichen Kräfte dieses oder jenes Interesse stark genug gemacht haben. Dieses, die BASIS, und die jeweilige Ideologie dazu, bestehend aus Religion, Kunst, Rechtslehre, Staatslehre als ÜBERBAU. Die Aufklärung, ohne die die bürgerliche Klasse die Revolution 1789 nicht gemacht hätte, mit ihren nicht mehr rückgängig zu machenden dialektischen Momenten (also der Gegensatz von »Gleichheit« als Forderung und Ungleichheit als Wirklichkeit der ökonomischen Struktur z.B.) zieht ganz deutlich den Karren der Geschichte zu dem Punkt, wo die bürgerliche Klasse abgelöst wird als herrschende von der proletarischen Klasse (das hat, wie gesagt, z.B. den Revisionismus produziert, der das unangenehme Problem der Gewalt undialektisch glaubt lösen zu können: »einfach abwarten«, es wird schon kommen, weil es ja kommen muß. Auf den Standpunkt kann man sich nur stellen, wenn einem die Opfer egal sind, die eigene Haut das Wichtigste ist, und mit Marx hat das nichts mehr zu tun).
Der Feind der Aufklärung – klar, wer das also ist, und sein »muß« sozusagen: Da liegt der Hund und die Hilflosigkeit der Liberalen (mit der schwarzen Lamy-Mine (3) haben sie betrogen, sie ist schon alle, schick' eine im Brief, ja?) begraben, ihr unlösbares Dilemma; ihre Unberechenbarkeit, weil sie sich nämlich praktisch immer zum größeren Haufen schlagen. Und die Mittel der Feinde sind auch klar, und scheinbar unerschöpflich, jedenfalls wie jemand 1850 oder so es sich nicht hätte träumen lassen: also die Mißbrauchbarkeit der Technik, die natürlich aber dieselbe Dialektik transpor-

tiert wie die Aufklärung: ihre Progressivität als manipulierbar zum Reaktionären, zur alten Herrschaftsform.
Also, welche Rolle bleibt nach alle dem der Kunst? Aufzuklären, klar. Und da muß man eben den Betrug von der Wirklichkeit unterscheiden; und das wiederum führt, konsequent und einigermaßen unbestechlich gedacht und gegangen, zur Praxis. Wieder ein Problem, besonders dann, wenn man die Probleme mehr liebt als die (immer unbequemere) Lösung. Godard (4) schlägt sich zur Zeit dort rum, und überhaupt der »junge« Film. Und Aufklärung im Sinne des Klassenbewußtseins ist natürlich eine wichtige Aufgabe; aber die Vernissagen sind natürlich der Markt der Herrschaft und nicht der Ort der Aufklärung der Knechte, sowieso. Und klar ist auch, daß die Praxis, einen guten, aufklärenden, bewußtseinsschaffenden Film zu machen, die bewußte Praxis des gesellschaftlichen Seins, seiner Bedingungen, seiner Veränderbarkeit voraussetzt – also sehr unterschieden vom berühmten intellektuellen Problembewußtsein, der Spielwiese, dem Reservat der Intellektuellen.
Ist das nun etwas klarer als das Gemurmel während der lächerlichen 30 Minuten??
Das Unterleibchen und die wollenen Strümpfe hab' ich immer noch nicht. Es war Juli, als ich Dir zum 1. Mal darum schrieb. Das Elend der Unvernunft + Hysterie. Statt dessen bot man mir heute ein Kleid an, unsagbar sowieso, aber vor allem: Gewicht etwa 200 gr., dünner Baumwollstoff, langer Arm mit Durchmesser ca. 20 cm. Also entweder sie wollen, daß ich wie ein Hund den Winter hier an der Heizung klebe samt Gänsehaut, oder sie sehen tatsächlich das Problem nicht, daß mir auch 10 solche Kleider oder Unterröcke zwar auf den Schultern hängen, mich aber nicht wärmen, weil ich in alles zweimal reinpasse.
Der Terror ist irre, aus irgendeinem Grund nimmt er zur Zeit auch zu (kein noch so abwegiger Grund ist abwegig genug: der 48 Stunden vermißte Weil (5), oder die Reise nach Berlin, oder einfach aus Laune und Spaß dran, jede 20–30 Minuten durch den Spion zu gucken, jeden Tag jeden cm^2 meines Bereiches anzufassen und umzudrehen; wobei mir die

Sinnlosigkeit vieler Sachen, also der Menschen, die sie ausführen, sozusagen mehr ausmacht als der Druck, den sie dadurch gegen mich ausüben wollen – den kann ich noch lange mit dem kleinen Finger wegschnippen, klar).
Sei umarmt, Schwester
Gudrun

Ich hoffe, daß Du bedenkenlos 'n altes Stück anschleppst, wenn Dir die Piepen zu der Jacke fehlen. Davon gehe ich doch aus!

Eben kam Dein Brief – Du fragst, »für was gibt es Pflicht«, das fragst Du, nachdem Du das Foto von dem Kind so richtig beschreibst, daß Dir ganz richtig dazu die Vietnamesin einfällt (6)! Was Dich quält, ist natürlich, daß die Gewalt so allumfassend, also mächtig, so irre durchorganisiert ist, und durchideologisiert (bis hin zum strafenden Gott einst; ersetzt durch die Banalität »irgendwas wie Strafe muß aber doch sein, sonst ...« heute), daß es also so schwierig erscheint (das aber genau soll es ja, im Interesse der herrschenden Klasse!), daß man nicht weiß, wo zupacken. In dem Zusammenhang sieh' mal Deine 2. Frage, ob zu wissen, was man nicht weiß, wichtig ist – aber JA, Schwester, es gibt ja nichts, was Du nicht wissen müßtest, für Dich, für alle, denen Du helfen willst und kannst. Weil Du nur mit der Frage, die Mehr-wissen zutage fördert, nämlich mit: WARUM ist das so, die Punkte findest, wo absolut kein »Brei«, sondern ganz klar Widerstand sich befindet, und zwar ebenso gründlich durchorganisiert (natürlich!), nämlich vom Ohrenziehen bis zum bewaffneten Werkschutz. Insofern ist es natürlich irre wichtig, daß Du liest, was Du nur zu fassen kriegst.
Für Deinen eventuell neuen Job wäre besonders wichtig alles zum Thema: bürgerliche Sozialisation/proletarische Sozialisation – die Erziehung zum Unterschied zwischen Herr und Knecht.
Sei umarmt,
Gudrun

(1) Friedrich Schiller: »Über die ästhetische Erziehung des Menschen«, 15. Brief.

(2) Luis Buñuel, 1900-1983, spanischer Filmregisseur, schuf zuerst surrealistische, später kultur- und gesellschaftskritische Filme (»Der diskrete Charme der Bourgeoisie«).

(3) Der Einschub in der Klammer mit dem schwarzen Lamy-Stift ist – wie der ganze weitere Brief – mit Rotstift geschrieben.

(4) Jean-Luc Godard, geb. 1930 in Paris, einer der einflußreichsten französischen Filmregisseure, leitete mit seinem Film »Außer Atem« (1959) die »Nouvelle Vague« ein. Später verband er seine radikale Gesellschaftskritik mit immer neuen filmischen Stilelementen.

(5) Vermutlich meint Gudrun Ensslin den Rechtsextremisten Ekkehard Weil, der im November 1970 am sowjetischen Ehrenmal auf einen Wachsoldaten schoß und ihn lebensgefährlich verletzte.

(6) Ein sehr berühmt gewordenes Foto des Vietnamkrieges, das damals um die Welt ging. Es zeigt ein kleines nacktes Mädchen, das zusammen mit anderen schreiend auf der Flucht vor einem US-amerikanischen Napalm-Angriff auf einer Straße direkt dem Fotografen entgegenrennt. Später wurde bekannt, daß das Mädchen neun Jahre alt war und Kim Phuc hieß, sie wurde kurz vor der Aufnahme von glühendem Napalm am Rücken und an anderen Körperteilen getroffen.

3.12.72

Liebe Diddel,
Gottfried war am 27. November hier, weißt Du? Weil ich jetzt nicht weiß, ob Du noch vor Weihnachten kommst: ich brauche vorher noch 40.- hierher auf's Konto.
Es ist so: ich kann jetzt jeden Monat für 50.- (und zwar an jedem letzten Dienstag des Monats; wie das mit Feiertagen ist, weiß ich nicht, ob dann vorher oder nachher) einkaufen.
Strumpfhose und T-Hemd habe ich noch immer nicht. Ich könnte Dir die diesbezügliche Geschichte bisher erzählen, sie ist nett und typisch, bar dessen, was man vom Ochsen oder Kalb in Butter gedünstet und in etwas Eigelb und reichlich Pfeffer gewendet fressen kann. Ich lasse es, weil es klar ist: der Gefangene lügt, übertreibt.
Der Stand ist der, daß ich als nächstes erwarte: ein <u>schwarzes</u> ist kein Unterleibchen, also bring', falls es die Piepen zulassen, beim nächsten Besuch ein <u>schneeweißes</u>, klar? Für alle Fälle. Denn daß ich friere ist auf jeden Fall
der Fall. Die katholischen Wärterinnen beblicken schon ganz scheinbar bekümmert die Diskrepanz zwischen Klamotten und Schultern, was ich so interpretiere: ein Gefangener soll zwar leiden (also der Überbau, Strafe), aber nicht frieren (also der unaufhaltsame Fortschritt, der vor faschistischen Rückschlägen nicht gefeit ist).

Heute ging zur Unzeit die Tür auf und hereingereicht wurde eine vernünftige Gabe des evangelischen Diakonischen Werkes, Café – Advent. Den Witz der Sache siehst Du? Ehrlich erheitert. (Dabei habe ich natürlich im Juni sofort die Frage nach der Religion wahrheitsgemäß beantwortet.) Ihre Hartnäckigkeit ist sozusagen vorbildlich, nur: wahrhaftig von anderer Natur, nach rückwärts.

Die richtige Haltung zu der Frage der Jacke wäre natürlich gewesen: bring' irgendein altes Stück, ganz egal; und such die richtige Jacke solange – und wenn es in einem Jahr ist! –

bis Du sie findest (denn es gibt sie, ich habe sie gesehen), und kauf' sie dann, wenn Du die Piepen schmerzlos beisammen hast. Aber darauf bist Du vielleicht selbst gekommen?

Sei umarmt! G.

Es ist Wochenende und die Stunden, die zur Belohnung Musik (Roy Black, Michaela usw...) ausgeschüttet wird, leider eine wahre Marter meinen 5 Sinnen, aber die Tanten nehmen sie: »besser als nichts«. Na schön. Also schwatz' ich weiter, Dich interessiert's: die 50.- Mark sind natürlich sowas wie ein Gnadenakt, was <u>mich</u> angeht; einerseits. Andererseits sind sie also Geld wie jeder Gefangene es hat oder sich täglich per Arbeit (pro Tag etwa 1,20–1,80) verdient und hier beim Kaufmann ausgibt. Der Kaufmann ist wie jeder Kaufmann (in Preungesheim hieß es immer: »wir sind doch froh, daß wir überhaupt noch einen finden, der sich mit dem kleinen Umsatz abgibt« – dort waren's 150; hier sind's aber viel mehr, wieviel weiß ich nicht): er verkauft möglichst viel, möglichst teuer, was er möglichst billig selbst eingekauft hat. Also wen wundert's, daß aus der Tüte ungeheuer verschrumpelte, schon fast schwarze Zitronen kollern? Niemand, sozusagen. (Obwohl das als beklagenswerter Faktor in vielen Strafvollzugsreformanalysen auftaucht, auch klar. Ein anderer, aber geringer Faktor ist, daß ich nicht selbst per Auge das Zeug kaufen kann, sondern per aseptischem Zettel, auch klar.) Mir fällt aber, fiel sofort dazu ein

Buchenwald, wo ich Lampenschirme aus Menschenhaut gesehen habe, die die Lagerkommandantin Ilse Koch sich hielt, aber z.B. sicher nicht selbst angefertigt hat. Die Assoziation ist klar, verschrumpelte, harte Haut, da kann man nichts gegen sagen, das muß erlaubt sein.

Aber die Sache ist leider im Kern tatsächlich dasselbe. DASSELBE. Frag' mich, wenn Du's nicht fassen kannst. Ich kann es Dir mit politisch-ökonomischen Begriffen erklären. Und der Schluß würde heißen: »wen verschrumpelte Zitronen für

Gefangene nicht stören, den stört wenn's drauf ankommt, auch nicht, oder zu spät usw....«
Das ist zwar inkommod und ungeheuerlich und jeder, der mit den Zitronen befaßt ist, wird subjektiv ehrlich
entrüstet sein.
So ist es aber, SO IST ES.

Gruß G.

Nr. 24
11.12.72

Liebe Diddel,
eben kam Deine Nr. 8. Schade um die Piepen und die Mühe – kannst Dir sparen. Schuhe und Mantel wurden mir vor dem Ausflug (1) aufgezwungen. Als ich das an der Spitze hier fragte, wieso man Dir/mir das nicht vorher sagte und Du also das Geld hättest sparen können, kam natürlich nichts. Klar, der Mensch hat die Freiheit zu kaufen, ein Gut, das respektiert wird bis zum totalen Unsinn.
Also laß' es, Schwester, man muß davon ausgehen, daß die ganze nächste Zeit diese Sorte Hysterie anhält.
Von Berlin erzähl' ich besser am Tisch da unten.
Gottfried war schon vor 2 Wochen (genau) da, Du könntest also noch diesen Monat.
Ich friere immer noch. Aber das Problem muß das an der Spitze hier nun: wohl oder übel selbst lösen.

Sei umarmt Gudrun

Schrieb' schon: ich brauche Geld und Briefmarken. Dürfen darf ich soviel man will; ich sage: bis zu 200.- ist richtig, nie mehr, man weiß nie, was ihnen einfällt.

(1) Gudrun Ensslin war in Berlin im Prozeß gegen Horst Mahler, Ingrid Schubert u.a. als Zeugin geladen.

Nr. 25
20.12.1972

Liebe Diddel,
Brief 8 und 10 kamen, 9 nicht, wird sich zeigen.
Du bist wütend; bleib' es. Du machst ein paar Erfahrungen, die für 'ne bürgerliche Tante nicht normal sind, nur deshalb erscheinen sie Dir neu. Sie sind aber so alt wie der Kapitalismus, so alt wie der dreckige Zusammenhang von Profit/Macht/Gewalt; um den dreht sich alles. Alles. Jede Menge gezielt und bezweckt – »gegen den Menschen«, sagst Du, so ist es. Die Menschen sehen, wo sie bleiben; von Völkermord zu Völkermord, vom 24-Stundentag zu 24-Stundentag, in dem sie sich nicht finden, sondern nur das Elend, Ware zu sein; – das öffnet die Augen; nicht Amboß, sondern Hammer – seit 120 Jahren ist das befreite Bewußtsein bei dieser Sache.

Die Künste, diese zu vernebeln, die Mittel, sie zum Schweigen zu bringen, die Methoden, sie zu töten, zu töten, zu töten, sind zahllos. Der Mensch hat kein Bedürfnis nach ihnen, wer das behauptet, ist schon ein Schwein, das entweder weiß, was es tut; oder es nicht weiß, dann muß ich es ihm zeigen, daß er es ist und wie er es ist.
Wenn der Mensch es nicht ist, der die Apparate braucht, wer oder was ist es dann? WAS schafft die Notwendigkeiten, die so klar »gegen den Menschen« zielen?
Beschäftige Dich mit der bürgerlichen Ordnung, sie hat's verdient. Warum der Aufwand, sie buchstäblich um jeden Preis als »Natur« zu verdealen? Wie funktioniert diese dreckige Lüge aus umfassender Gewalt als gesellschaftlichem Mittel und »Gewaltlosigkeit« als Ideologie eben dieser Gesellschaft? Sie kann alle Götter entbehren, alles mögliche enttabuisieren – nur nicht: die Gewalt. Wieso, Schwester, wieso?
Der Ast, ganz richtig, so ist das alles Dein Bier: die lautlose Tour, die Du vor der Nase hast oder die B 52 Bomber (1), es ist dasselbe, der Imperialismus, der Feind der Menschen, der Feind des Menschen, mein Feind.
Wenn also der dreckige Zusammenhang mal dämmert und

wie Du drinhängst, fängt das an: die Leidenschaft der Freiheit, der Durchblick, Du selbst, hier und jetzt; die Handlung. Sie sprengt den Zusammenhang, sie sprengt das Begriffssystem, du kriegst plötzlich Luft, du fängst an zu fragen, weißt Bescheid, was von den Antworten aus Glauben, Hoffen, Lügen, Leugnen zu halten ist, zu billig, dreckig, der Tod, nicht das »Leben«. Also das Leben suchen, den Mensch suchen, Dich suchen.
Die Lösung, die Lösungen, sind tabu, logisch; die Ordnung hat sie, ganz richtig, von vornerein in den Bereich des Unmöglichen gepackt; wer den dennoch und trotz alledem, betritt (der Mensch tut das einfach, DAS ist sein Recht, DAS ist sein Wesen, DAS ist er selbst), wird bestraft, ordnungsgemäß, auch logisch, ja? Es gibt viele Stufen von Strafen, kollektive, individuelle, Drohung, Sanktion, Ächtung, der deutlichste Ausdruck ist das Strafgesetz; aber egal in welcher Form, ihre Wirklichkeit/Wirkung bezieht sie von der Macht und bezieht sich auf die Macht; d.h. sie braucht sie, um sie zu schützen, und sie schützt sie, weil sie sie braucht. Von wegen Gewaltenteilung, eben gerade nicht; von wegen Unabhängigkeit, eben gerade nicht. Die Grundrechte sind nicht zufällig das Asthma des Staats. Das System ist, den Zusammenhang zu leugnen (das ist eine umfassende Notwendigkeit der bürgerlichen Gesellschaft, da kommst Du noch drauf, wieso und wozu); die Wirklichkeit, ihre wahre Fresse IST aber der dreckige Zusammenhang; dieser Widerspruch ist's, der zum Menschen drängt, das Bewußtsein schafft: das Leben bewaffnen, gegen den Tod im Topf! Ich sage Dir, Schwester, Solidarität ist eine heiße Kiste.
Nach dem Besuch im Stehen: es bleibt dabei, kein Besuch ohne Rauchen. Kein Schritt ohne Analyse, verstehst Du, der 24 Stunden-Fick, auf das Dein Bewußtsein ein RECHT hat; Hammer, nicht Amboß. Und klar, das Rauchen ist eine Kleinigkeit; gibt aber nichts, das »zu« klein, »zu« kurz oder sonst wie »nicht« wäre; alles ist wichtig.

Du hast gut ausgesehen, schreib' was Du tust; so gut das eben geht: sieh nach Felix; mir wird ja schlecht, wenn mir die

Alte einfällt, und ihre Gedanken, ein Kreuz, vor dem man ihn so gut das nur geht retten muß. Aber paß' auf, daß Du nicht in die Fürsorger-Scheiße fällst, ich meine in die Haltung; was Du nicht für Dich tust, laß' sein, wenn Du das richtig verstehst – auf eine caritative Tante kann er nämlich nur scheißen.
Es IST so: in dieser Gesellschaft sind auch die Kinder Ware; dagegen mußt Du/sollst ihm helfen, und das geht nur so: selber aufhören, Ware zu sein. Und was das angeht, haben Kinder noch die feinsten Nasen.

Sei umarmt G.

Vergessen zu fragen: hast Du ein »Weihnachtspaket« abgeschickt, die milde Gabe? Ich meine, hast Du die Marke rechtzeitig gekriegt?
Briefmarken brauch' ich vorerst keine, ich schreib', wann.

(1) Die B 52 wurde 1947 entwickelt und war der erste von Düsenmotoren angetriebene Langstreckenbomber, der während des Fluges betankt werden konnte und damit unabhängig war von überseeischen Stützpunkten. Er war vor allem als Träger von Kernwaffen geplant und wurde deshalb bei Atomwaffentests der USA in den 50er Jahren eingesetzt. Anfang der 60er Jahre wurde er für Tiefflüge umgebaut und mit konventionellen Bomben ausgerüstet. Im Vietnam-Krieg kam er extensiv zum Einsatz – u.a. für den Abwurf von Napalm –, aber später auch im Golfkrieg, im Kosovokrieg und in Afghanistan.

Nr. 26
24.12.72

Liebe Diddel,
Dein Paket ist Zucker, bestes Zeug, eine fette Umarmung, hast Du sehr gut gemacht.
Hör' mal, sicher warst Du enttäuscht, weil ich so knapp über Berlin war. Das ist so zu sehen: es langweilt mich, aber vor allem es ist nicht meine Sache, irgendwas zu liefern, das die zahllosen Versuche, uns irgendwie irgendwie konsumierbar zu machen, stärken KÖNNTE. Mit jedem Blick auf alles, mit jedem Wort, über alles – hier drin wie draußen – geht es aber um das, was nicht mehr beschrieben werden muß (zigtausend Bände Literatur, jeder Sorte, jeden Zeitalters), sondern zum Ausdruck des Menschen GEMACHT werden muß. DAS ist meine Sache, das bin ICH.
Soll ich Dich also noch anders behandeln als mich? Nein.
Es ist so: jedes gesellschaftsimmanente Verhältnis der Menschen untereinander ist ein Warenverhältnis. Daß so viele das nicht sehen und nicht glauben, ändert daran nichts. Also alles lassen, wegschmeißen, bekämpfen, was Ware bedeuten könnte. Beurteile selbst, was das bringt, was dann anders läuft.

Zu der Ohrfeige (1) will ich Dir noch sagen – Uli (2) lebt.

Sei umarmt, G.

»Nicht Frieden, sondern Krieg« – das jedem, der was von mir wissen will.

PS: Mutter will kommen. Aber das ist sinnlos. Später mal, damit sie besser schlafen kann, mal sehen. Ich schrieb' ihr, kannst Du ja dort lesen.
Schwesterherz, mein Herz, Brief 9 und 11 eben; ich verstehe sehr genau. Wie kann ich Dir helfen? Wenn ich es nicht genug tue, sag' es sofort.
Eins nach dem andern: ist unklar, nichts beantragen, nichts kaufen.

Sich dorthin begeben, wo nicht für G.E. gekämpft wird, sondern für alle Gefangenen.
Die Uhr will ich sehr gern haben; klar, über die Anstalt. Wenn Du die 150 Eier noch oder wieder zusammen hast, schick' sie. Dann brauche ich vor Ende Februar kein Geld mehr.
Der B. schreib', weil Du sonst keine Ruhe kriegst, so sind sie nämlich, die Caritativen + Aufgeklärten, lieber einen Gefangenen auf's Korn nehmen als sich selbst, logisch. Also schreib' ihr: ich BIN ein Verbrecher. Daß ich mit Bullen nichts zu schaffen habe. Und daß ich sie wegen Befangenheit ablehne. Und daß es, was die Motive betrifft, einiges von/über die RAF gibt. Genau das und mit diesen Worten. Ja? Sehr gut. Einschreiben sparst Du Dir natürlich. Postkarte genügt, würde ich sagen.
Huber hat 4 1/2 Jahre, Ursel Huber (3) auch.
Schwester, die Angst, ich weiß – Du MUSST sie besiegen; weil entweder Du oder sie; ich bin für Dich.

G.

Das Bild von Andreas hab' ich hier gepinnt.

Also 25. weiter
Du hast vollkommen richtige Vorstellungen zu Schirm und Zitrone, das »bestimmte Material« ist der Mensch und deshalb wird die »bestimmte Struktur«, Befehl/Vorschrift/Gehorchen zum Kern der Sache.
Eins nach dem andern: es gibt natürlich die Vorschrift, daß das Zeug, das der Kaufmann liefert, »einwandfrei« sein muß. Also ergeben sich 2 Fragen: Warum tut er es nicht oder nicht immer. Klar wieso, der Profit; und warum »sieht« das die Wärterin »nicht«, die das Zeug für mich holen muß. Das ist schon ein ganzes Knäuel von Motiven, die allesamt aber damit erklärt sind: sie selbst ein Objekt, verdinglicht, bewußtlos, sogar (da gibt's Ausnahmen, Spreu und Weizen) gefühllos gemacht – also »unschuldig« – insofern in ihrer Vor-

schrift ja auch nicht steht, daß sie die Ware zurückweisen soll, sie kann, aber muß nicht, sondern da steht nur, daß ich, der Gefangene das kann – dann habe ich aber keine Zitronen bzw. erst in 4 Wochen. Also die Struktur. Das System.
Auschwitz war nicht bloß »ein Auswuchs«, wie man's gerne hätte, damit es sozusagen garnicht wahr ist, und damit am Kern vorbeikommt. Sondern bloß der deutlichste Ausdruck der häßlichen Fresse, der Anarchie des Kapitals, das Gesetz ist.
Nicht nur im Wortlaut des StGB, wo sie auch Gesetze HEISSEN (solche kann man reformieren, 175, 218), sondern als eine Gesetzmäßigkeit, um die sich alles ÜBRIGE dreht und von der alles abhängt: die eherne Gesetzmäßigkeit des Profits, von keinem bloßen und bloß guten Willen aufzuhalten oder abzuändern, nicht reformierbar.
Was tut man, wenn man verhindern will, daß jemand mit einem Auto fährt, z.B.? Man reißt z.B. den Verteilerkopf raus, man sabotiert ein wesentliches Teil der Maschine. Die Maschine funktioniert natürlich nur »mit« den Menschen; ein Sachverhalt, der »die Demokratie« als notwendigen Bestandteil der kapitalistischen Gesellschaft geboren hat. (Jetzt laß' ich mal weg, was zu ihr und zum Fortschritt gehört: daß der Widerspruch das Neue gegen das Alte natürlich transportiert – ohne Industrialisierung keine Revolution, die Produktivkräfte wachsen, bis gerade sie die Befreiung des Menschen zur Notwendigkeit machen; wie man in den Zeitungen lesen kann über das Elend in den Metropolen, mehr tot als lebendig zu sein, »die BRD ist ein Wohlfahrtsstaat, trotzdem gab es noch nie soviel Unbehagen und Mißtrauen am Arbeitsplatz wie heute ...« lese ich z.B. in der Frankfurter Rundschau.)
Also weiter am Faden: ... funktioniert nur »mit« den Menschen. Was funktioniert: die Geschichte der kapitalistischen Staaten als Raubgeschichte, ein Schlachtfeld, von denen erster Weltkrieg und 2. Weltkrieg nur scheinbar was besonderes sind, weil sie eben vor der Nase stattfanden. Klar ist nur eines: Das Volk hat sie gewollt. Das ist wahr. Aber die ganze Geschichte von 1800-1972 war und ist ohne die kriegerische Ausbeutung der 3. Welt durch die Kolonial- und Imperialge-

walt unmöglich. Und die relativ unkriegerische Ausbeutung, als Wohlstand im Fortschritt, ist die andere, nicht wegzudenkende Seite derselben häßlichen Fresse; deren Preis ist die Verdinglichung.
Was DER MENSCH ganz sicher alles nicht WILL: weder Vietnam noch diesen 24-Stundentag. Was tut man also, um die Maschine am Laufen und Totschlagen zu hindern? Man klärt die Menschen über ihre Rolle als Objekt auf, über ihre Mitwirkung, und über Mitbestimmung. WIE kann man das aber, wo doch so selbstverständlich die Maschine mitproduziert die Mechanismen, die das Subjekt (erkennendes, handelndes) tötet, ehe es lebt?
8-Stundentag zu sagen ist Lüge, 24-Stundentag die Wahrheit. Technisch unbegrenzte Mittel, die Zerstörung als das »Normalste + Natürlichste« über die Bühne zu bringen; Aggression + Haß, die Trümmer des menschlichen Subjekts, in dem Moment zu legalisieren, wo sie nützlich und notwendig sind, um die Gewalt von Kapital + Staat als allgemeines Bedürfnis erscheinen zu lassen, der Haß gegen Springer wird so Haß auf Dutschke, der Haß gegen dieses Leben wird so Haß »auf die Juden«, »die Linken«, die Kraft, die Änderung meint, wird so die Kraft, die die Konservierung besorgt; Zerstörung erscheint als Selbstzerstörung, Mord erscheint als Selbstmord.
Das ist das eine. Das andere ist, daß das Ganze (der gesellschaftlichen Verhältnisse) auf einen Widerspruch gebaut ist, der also gar nicht auszubauen ist, sondern permanent die Unvereinbarkeit selbst erzeugt. Am deutlichsten in den »Brennpunkten«, Völkermord oder auch mal ein Erziehungsheim, wo die zwingenden Verhältnisse selbst gezwungen sind, die unsichtbare Gewalt sichtbar zu machen. Das zeigt dann immer: DASS der Mensch das Material ist. Und dagegen erhebt er sich, findet sich selbst, WEIL der Mensch kein Material ist. Solche sogenannten Brennpunkte sind also sehr geeignet, die Augen zu öffnen, den Blick von innen nach außen zu wenden, der entschieden richtigen Richtung, von der Seele weg auf das, was diese überhaupt erst macht/prägt. Sieh' mal, der Alte in Cannstatt (4) muß, »um bei seiner

Theologie zu bleiben«, bei Hegel bleiben, er darf/kann nicht zu Marx, um's Verrecken nicht. Und Hegel, der letzte Bourgeois, jammerte und beteuerte schon: »keineswegs soll die Seele passives Wachs sein und von außen die Bestimmung erhalten!« Wo kämen die Professoren und Pfaffen auch hin! Weder in den Himmel noch in die Hölle, sie wären tatsächlich gezwungen, das Leben, hier und jetzt, als höchstes Gut zu deklarieren und aus wär's mit Leiden und Dulden und der knochenbrechenden Ethik; der Stiefel im Nacken wird dann nicht mehr zum »Gewissen der Welt«, sondern bleibt der Stiefel im Nacken, solange, bis alle Stiefel von den Füßen gezerrt, der eine Typ entwaffnet und der andere, der Mensch, sich von den Knien erhoben hat ... beantworte Dir selbst, wie denn was zu tun ist.

Jetzt nochmal Zitrone + Lampenschirm: ich sagte »der Preis ist die Verdinglichung«. – Woran kann man sie erkennen, obwohl sie sich an so einem »sicheren« Ort wie innen abspielt? An Reaktionen, jede Minute, die dann kein Wunder, sondern eben Gesetz sind. Ein Tag hat 86 400 Sekunden. Als ich 'ne Wärterin bei was beobachte, das ganz besonders, absolut sinnlos ist, was sie selbst also mitkriegen MUSSTE, sage ich: »Kriegen Sie nicht Kopfschmerzen?« Sie schaltet tatsächlich sehr fix, gereizt, aber vor allem überzeugt: »Es steht mir nicht zu, nachzudenken.« Zackzack, so funktioniert's, das ist der springende Punkt, dazu weißt Du doch inzwischen 'ne ganze Menge, Schwester, Arbeitsteilung/Proletariat usw....

Leserbriefkästen, Jasmin (5), die Couch des Psychiaters, die Potenz und die Impotenz, der ganze Kodex, Treue, Ehre, die Bombe, die in Kambodscha Menschen in, wie es in einem Bericht heißt, »Fleischklöße« verwandelt, ist ja nur <u>eines.</u> Dazu, weil es so typisch ist: als der Bericht erschien, hat die protestantische Kirche in USA schleunigst ihre Honeywell-Aktien losgeschlagen, weil Honeywell zufällig diese Dinger produziert. Honeywell findest Du ab und zu im Spiegel, im Kasten »Gewinner und Verlierer der Woche«. Du siehst: Du bist hoffnungslos eingewickelt und abgepackt in die Verhältnisse, nach allen Regeln bist Du der Schwache. Aber was

heißt das, was ist das »das Schwache«? Wenn Du drauf kommst, bleibst Du auch drauf: das scheinbar (also »wirklich«) Schwache ist sehr geeignet, die scheinbare, also unwirkliche Stärke der Starken als Schwäche zu entlarven. Die Gewalt IST ein Ausdruck der Schwäche – der Unterdrückte, der zur Waffe greift, WEISS DAS; und das ist es, was ihn unterscheidet. Er kämpft um SEIN Leben, er kämpft um das LEBEN – gegen den Tod, denn es bedeutet, Material des Kapitals zu sein, egal in welcher Gestalt.
Kann sein, Dir dreht sich jetzt ein Mühlrad im Kopf, was denn nun scheinbar und was wirklich – es ist aber bloß die Dialektik; krieg' das raus.
Dein Gefühl, das immer dann in Deinen Briefen auftaucht, wenn Dir die Wörter fehlen, weil das Begriffssystem auf ihnen draufhockt – wieso gehst Du so beschämt und unsicher damit um? Klar, weil man behauptet (aber WER! Schwester) es sei »weniger« als die Vernunft. Es ist aber die Vernunft, die mir sagt, <u>die</u> <u>Nase</u> <u>sitzt</u> <u>vorn!</u> (Der Dreck und Gestank, der durch die Hygiene bemerkenswert schnell unter menschliche Kontrolle kam, ist nichts gegen den Dreck und Gestank, der unter menschliche Kontrolle erst noch genommen werden muß, klar?)

G.

Dieser Brief besteht aus 4 Seiten. Hast Du alle?

(1) Beate Klarsfeld ohrfeigte am 7. November 1968 während des Bundesparteitages der CDU den damaligen Bundeskanzler Kurt Georg Kiesinger und rief dabei »Nazi, Nazi«. Beate Klarsfeld, damals 29 Jahre alt, spürte zusammen mit ihrem Mann Serge Klarsfeld, dessen Vater in Auschwitz ermordet wurde, seit 1964 namhafte Nazis auf. Kiesinger war seit 1933 NSDAP-Mitglied, seit 1940 Verbindungsmann des Reichsaußenministeriums zu Goebbels' Propagandaministerium. Er stellte sofort Strafanzeige. Noch am selben Tag wurde Beate Klarsfeld per Eilgerichtsverfahren zu einem Jahr Gefängnis verurteilt. Aufgrund internationaler Proteste wurde das Urteil später auf vier Monate Bewährungsstrafe reduziert.

(2) Gemeint ist unser Bruder Ulrich Ensslin, 1938-1968, der während seines Medizinstudiums in Würzburg psychisch schwer erkrankte. In vielen Kli-

nikaufenthalten wurden ihm unter anderem mehrfach die damals häufig angewandten Elektro- und Insulin-Schocks verabreicht. Ende 1968 nahm er sich das Leben.

(3) Dr. Wolfgang Huber und seine Frau Ursel Huber wurden am 21. Juli 1971 verhaftet und am 19.12.1972 vom Landgericht Karlsruhe nach § 129a (Unterstützung einer kriminellen Vereinigung – hier RAF) zu je 4 1/2 Jahren Haft verurteilt. Siehe auch Anmerkung 2 zum Brief vom 15.07.1972.

(4) Unser Vater Helmut Ensslin.

(5) Jasmin war eine Zeitschrift, konzipiert vor allem für Trendfrauen aus gutbürgerlichem Milieu.

Nr. 27
10.1.73 (1)

Liebe Diddel,
Brief 12 + 13, 11 fehlt, kamen zusammen; erfreut zu hören, daß, daß!
Deine Frage, warum da so und dort so. Das siehst Du sofort, wenn Du den Klassenstandpunkt einnimmst – DER ist aber nicht so mir nichts dir nichts mit paar Erkenntnissen einzunehmen, eben weil Sein + Bewußtsein so verkettet sind und weil das Kapital bis zum Höhepunkt seiner Macht (Siegeszug der »Sozialdemokratie« von Neuseeland bis Europa) große Teile der Arbeiter voll gepumpt hat mit seiner Ideologie, so daß viele glauben, was sie denken, sei ihr eigenes; ist aber nicht. Der Zusammenhang ist irre vielschichtig. Sieh' mal, solange es um Dach über'm Kopf, Fressen, Klamotten auf den Leib ging (also Europa + USA, die Metropole) konnte das Kapital so agieren (Reformen), daß der unversöhnliche Widerspruch zwischen Lohnarbeit + Kapital scheinbar verschwinden konnte; aber wenn diese Grundbedürfnisse gestillt sind (JETZT) fängt das Problem sozusagen erst an: Ausbeutung heißt ja nicht bloß Ausbeutung, sondern Trennung der Produzenten (=Arbeiter) vom Produktionsprozeß, von den Produktionsmitteln – also: Entfremdung/Verdinglichung/Spaltung des Subjekts (Ichs) von vornherein. (Der technische Fortschritt dient dem Profit: Rationalisierung am Arbeitsplatz führt zu erhöhter Produktion, also Profit und zu mehr Krankheit am Arbeitsplatz, z.B.)
Die Verdinglichung ist DAS Problem des Systems, seine Krankheit, die es mit keinem Mittel loswerden kann, weil sie zwangsläufig produziert wird mit dem Profit um jeden Preis. Ich sage also: erst mit dem, was man die 2. Phase der Materialisierung von LEBEN/Menschsein nennen könnte, bricht der Widerspruch unverkennbar, unverdeckbar auf, drängt zur Lösung – der Kampf geht sozusagen erst los, und es ist der Kampf um's Bewußtsein. »Wir werden Menschen sein«, sagt das bewußte Proletariat, die Avantgarde genannt, das heißt für die Bourgeoisie aber: »wir werden das verhindern.«

An dem Punkt wird die SPK-Theorie (2) wichtig, find' das mal raus!
Der verdinglichte Mensch ist inzwischen schon gängiges Thema aller Soziologentagungen, die Bourgeoisie hat das längst spitz; die Chemie-Industrie ist so wichtig wie Rüstung (Psychopharmaka!).
Paß auf, nochmal zur Klarheit, in der »Heiligen Familie« von Marx steht das so:
»Die besitzende Klasse und die Klasse des Proletariats stellen dieselbe menschliche Selbstentfremdung dar: Aber die erste Klasse fühlt sich in dieser Selbstentfremdung wohl und bestätigt, weiß die Entfremdung als ihre eigene Macht und besitzt in ihr den Schein einer menschlichen Existenz; die zweite fühlt sich in der Entfremdung vernichtet, erblickt in ihr ihre Ohnmacht und die Wirklichkeit einer unmenschlichen Existenz ... – Innerhalb dieses Gegensatzes ist der Privateigentümer also die konservative, der Proletarier die destruktive Partei. Von jenem geht die Aktion des Erhaltens des Gegensatzes aus, von diesem die Aktion seiner Vernichtung ...«
Also: der Bundesstaatsanwalt – dem was erklären wollen, ist absurd. Er besitzt. Er ist abgepackt in sein Interesse, das »menschliche Existenz« für ihn selbst ermöglicht. Der Wärterin was erklären, hat Sinn. Wenig, aber immerhin, da laß' ich's nicht, obwohl es hier sowieso dadurch verhindert ist, daß sie ja immer zu zweit sein müssen, und sie haben natürlich Schiß vor Petzerei. Aber Du mußt das immer differenzieren, innerhalb der Klasse des Proletariats – sie wird ja permanent und systematisch gespalten; wenn ich in 'nem Erziehungsheim z.B. damit anfangen würde zu erklären, wieso auch die »Wärterinnen«, dort Tanten genannt, arme Schweine sind, würden die Typen anfangen zu gähnen und 'nen Vogel zeigen. Dies Märchen von »alle an einem Strang« und »alle in einem Boot« hören sie ja von morgens bis morgens. Also differenzieren: Immer von unten nach oben, anders entsteht das Bewußtsein nicht, vielmehr: entsteht das falsche, das auf dem Kopf steht und alles auf den Kopf stellt, entsprechend dem Fundament: der Mensch dient dem Profit, dem Staat, der Ordnung, nicht umgekehrt, so ist das System, des-

halb wird natürlich »systematisch« so gedacht; also alles steht auf dem Kopf.

Kroetz (3) hat es gesagt, in einem Gleichnis, das Problem/Kampf um's Bewußtsein: ein Hungriger wird von einer Scheibe Brot, die man ihm auf der Mattscheibe zeigt, nicht satt. Aber: die permanente Fiktion der Freiheit, pralle unbegrenzte Möglichkeiten der Selbstverwirklichung, abends nach der Arbeit aus der Röhre – DAS schafft was! Schafft Bewußtsein ab, z.B. das von der Unerträglichkeit der von oben programmierten Arbeit; (WIE erklärst Du Dir das »verdinglichte« Schweigen der schweigenden Mehrheit in der vorbildlichen bürgerlichen Demokratie USA zu der Ausrottung des vietnamesischen Volkes?) – die Gedanken, die er, vor der Röhre, aus der Röhre, dafür kriegt, sind nicht seine – deshalb sagen wir ja, »Meinungsumfragen« sind ein Witz, sie kriegen in's Mikrofon, was aus dem Mikrofon, aus den Spalten, aus der Röhre kommt, was denn sonst. Schindluder mit dem Begriff »Demokratie« und »Mehrheit«, solange es nicht von unten nach oben gedrungene Massendemokratie ist – DAS ist aber bereits die proletarische Revolution, nichts anderes.

Natürlich, Du denkst, daß in Berlin (4) ja außer der Justiz auch die Presse anwesend ist, die doch berichtet. Aber die berichtet, was sie denken, nicht was wir denken. Deshalb ist so'ne Ohrfeige (5) natürlich besonders geeignet, nicht wegzudiskutieren oder wegzubehaupten. Und daß wir reden, kriegst Du ja auch mit – WIR verlieren schon nicht die Geduld, niemals, niemals mehr, kann man gar nicht mehr lassen, IST das Leben selbst, wenn man mal weit genug durchgeblickt, gegen alle aufgetürmten und »innen« installierten Hindernisse doch voll durchgeblickt hat. Also keine Sorge, wir schweigen schon nicht; nur mußt Du, was ich Dir schon mal beim Besuch erklärte, noch klarer sehen: mit einfach sagen, was man denkt, ist nichts getan; das Problem ist, daß man es ihnen (in diesem Fall: Justiz plus Presse) nicht überlassen darf und kann, darüber zu bestimmen, wieviel von dem, was man denkt, das Volk hören + erfahren darf und was nicht. WAS ist es denn, das sie isolieren, wenn sie uns isolieren? Doch klar.

In Frankreich hat Sartre 'ne linke Nachrichtenagentur gegründet und jetzt mit »gauche prolétarienne« (6) zusammen (sogenannte »Maoisten«) 'ne Zeitung, 100 000 Auflage, sehr gut, und erklärt dazu der versammelten bürgerlichen Presse: »die Gesamtheit der bürgerlichen Presse hat ihren Anspruch auf Freiheit aufgegeben – deshalb diese Zeitung, vom Volk für's Volk.«
Seit 67 quatscht die Linke hier auch von der Notwendigkeit, nie was geworden, kein Geld ist das geringere Problem, keine Geduld bei denjenigen, die das Bewußtsein besitzen, <u>das</u> ist eher das Problem, die Partei-Organisationsentwicklung, »zurück zur Autorität«, Marx und Lenin nach Art des Systems auf den Kopf gestellt, das ist das Elend der Linken hier, jedenfalls noch im Moment, ändert sich ja langsam. (Wieder dasselbe: das System-im-System; die Pyramide-in-der-Pyramide, die Krankheit nach innen, jeder angefault und angefressen – aber der Mensch ist stark, wir <u>werden</u> Menschen sein; ich sage nur: daß Klagen <u>immer</u> lächerlich ist; <u>ändern, tun</u> – das ist's, das bringt's.)
Ist es nun klarer? <u>Immer</u> reden, immer ausdrücken, erstens. Zweitens: schlau sein, sich beim/im Feind auskennen, seine Tricks, seine Mechanismen von vornherein mit-kalkulieren, und so den <u>möglichst</u> besten, klarsten Ausdruck finden, rausfinden. Und Du willst doch wohl nicht behaupten, die Klarsfeld z.B. hätte nicht Bände gesprochen? Und jedermann verständlich.
Meine Abwehr Deiner Frage, wie war's in Berlin, richtete sich <u>natürlich auch</u> gegen die sicher noch wirksamen Reste von Konsum-Interesse in Dir, Schwester – klar! Es handelt sich einfach nicht drum, daß Du von mir möglichst viel weißt und berichten kannst, sondern von DIR – <u>viel</u> interessanter, eindeutiger, wirksamer, für Dich, für jeden mit dem Du sprichst. Ja?

Sei umarmt!
G.

Jaja, am 30. Dezember bekam ich Unterleibchen und Strumpfhose; sie wärmen, viel besser so.
Zufällig höre ich 10. Januar 1973 – 22.20 Uhr WDR I Programm »Bericht aus Amerika« von Wolf von Lojewski (7) – bestell' Dir das Manuskript – ein besseres Dokument zur Illustrierung dessen, was ich eben schrieb, ist nicht zu denken – Du wirst sehen.

(1) Der Ermittlungsrichter Dr. Knoblich will sich bei diesem Brief rückversichern und schickt ihn deshalb mit Bitte um Stellungnahme an den Generalbundesanwalt beim Bundesgerichtshof, Dr. Bell (zusammen mit einer Leseabschrift). Am 2. Februar 1973 befindet dieser: »Trotz erheblicher Bedenken gegen Form und Inhalt des vorgelegten Briefes widerspreche ich seiner Freigabe zur Beförderung nicht.«

(2) Siehe Anmerkung 2 zum Brief vom 10.8.1972.

(3) Franz Xaver Kroetz, deutscher Schriftsteller, Theaterautor und Regisseur. War 1971 bis 1981 Kommunist (in der DKP). Er wurde bekannt, als 1971 die Uraufführung seiner Theaterstücke »Heimarbeit« und »Hartnäckig« in München von Neofaschisten gestört wurde. Seine Theaterstücke der 70er Jahre porträtieren Menschen, die durch ihr soziales Elend sprachlos werden und scheitern.

(4) Prozeß gegen Horst Mahler, Ingrid Schubert u.a. in Berlin.

(5) Siehe Anmerkung 1 zum Brief vom 25.12.1972.

(6) Gauche prolétarienne: Anarcho-maoistische Gruppe in Frankreich, die nach dem Mai '68 (siehe dazu im Lebenslauf) entstand, und vor allem in den Fabriken (z.B. Renault) aktiv war. Nach ihrer Auflösung Anfang der 70er Jahre gründeten Mitglieder dieser Gruppe – auch Jean-Paul Satre war dabei – die linke Tageszeitung »Libération«.

(7) Wolf von Lojewski berichtete für die ARD ab 1971 während der Vietnam- und Watergate-Jahre aus Washington. Danach übernahm er die Moderation des »Weltspiegel« und der »Tagesthemen«. Von 1992–2003 leitete er das ZDF-»heute journal«.

9.2.73

Sister, paar Nachrichten:
Du kannst wieder kommen, »rauchen erlaubt«, heute mitgeteilt.
Hungern (1), wozu weißt Du ja sicher, ein Trip, das Sichtbare im Unsichtbaren, das System im System; der Arzt droht mit dem unvermeidlichen Schlauch (2), »Speiseröhre suchen und finden«, ich hoffe, er findet sie, wenn's denn sein muß.

Die Anstalt hat eine Schreibmaschine genehmigt. Gut. Damit es nicht so lange dauert, schrieb' ich Groenewold, er soll das Geld schon schicken und Du versuchst, es zusammenzukriegen und schickst es ihm, ja? Egal wann, aber helfen, klar. (Hierher, zum Einkauf brauch' ich noch kein Geld, vielleicht erst im Mai, Juni wieder.)

GrußGruß G.

(1) Vom 17. Januar bis 16. Februar 1973 war der erste Hungerstreik der Gefangenen aus der RAF. Nach einer Erklärung von Andreas Baader vor Gericht gingen die Gefangenen aus der RAF in der Hungerstreik und forderten die Zulassung unabhängiger Ärzte und die Verlegung in den Normalvollzug. Die Justiz antwortete zunächst mit Wasserentzug bei mehreren Häftlingen. Nach der Zusage der Bundesanwaltschaft und der Verlegung von Ulrike Meinhof aus dem Toten Trakt der JVA Köln-Ossendorf wurde der Hungerstreik abgebrochen. Kurz darauf wurde Ulrike Meinhof wieder in den Trakt verlegt und die Isolation gegen viele Gefangene nicht aufgehoben. Deshalb gingen die Gefangenen vom 8. Mai bis 29. Juni 1973 wieder in den Hungerstreik. In ihrer Erklärung dazu hieß es: »...Wir verlangen: Gleichstellung der politischen Gefangenen mit allen anderen Gefangenen! Und freie politische Information für alle Gefangenen – auch aus außerparlamentarischen Medien!«
Die Anwälte und Angehörigen, die ja als einzige zugelassene Besucher die Gefangenen erlebten, sahen sehr schnell die Spuren der Isolationshaft. Deshalb war es für uns selbstverständlich, den Hungerstreik von außen zu unterstützen. Das geschah zum ersten Mal mit einem öffentlichen Hungerstreik vor dem BGH in Karlsruhe vom 09.02.1973 bis 12.02.1973. Beteiligt waren vor allem die Anwälte in ihren Roben, aber auch Aktivisten und Angehörige, darunter auch Christiane und Gottfried Ensslin.
Um die Unterstützung der Gefangenen wirksam organisieren zu können, wurden Komitees gegen die Isolationshaft gebildet. Das bundesweite Gründungstreffen war am 11.5.1973 in Frankfurt. Im August 1973 wurde das

Kölner Komitee von Dr. Peter Stankowski und Christiane Ensslin organisiert.
Siehe im Anhang Titel und Inhaltsangabe der ersten Publikation der Komitees.

(2) Aus Vermerken des Bundeskriminalamtes/Sicherungsgruppe (SOKO):
Am 12.02.1973 wurde Gudrun Ensslin zwangsweise mittels eines Schlauches und Breizuführung ernährt. Tags darauf habe sie freiwillig Nahrung zu sich genommen.
Am 18.02.1973 sei Gudrun Ensslin erneut in den Hungerstreik getreten und am 20.02.1973 durch den Anstaltsarzt zwangsweise ernährt worden.

8.3.73 – erster mit Maschine geschriebener Brief

Sister ich brauch 100,- auf's Konto (mußt eben Groenewold wegen der Schreibmaschine warten lassen, ist egal).
Der Alten in Cannstatt (1) schrieb ich wie gesagt dass sie mal kommen kann, schrieb aber hinterher und <u>meine</u> es, dass sie noch 3 Monate oder so warten soll.
Briefmarken kamen heut

Grußgruß G.

(1) Unsere Mutter Ilse Ensslin.

19.3. h

15.3.

Sister, nochmal
was die Klamotten im Seesack betrifft: ich m a g hose und
pull die hier sind nicht,pull nicht kelin genug nicht groß genug k r a t z t
das ding auch noch und in der hose hab ich wirklich gelitten,geschürft zu
eng,d a s muss nicht so sein.
ich bitt dich,probiers nochmal, eilt überhaupt nicht, natürlich nicht,
wenn dus hast,bringst dus mal mit.

1 marineblauen pullover,arschlang größe 50, "engl." sorte,heißt son
"klassisches "ding,in jedem einigermaßen herrengeschäft, halsrunder
ausschnitt (schmales halsbündchen,flach obw.doppelt,ca 1-2 cm breit),
schräge gewobene schulternaht , möglichst dünn u n d warm,glatt und weich, du
weißt schon schön schlabbrig,lambswool od.weiß der teufel was fürn gemisch

1 hose, wirklich am liebsten blue jeans, wirklich am liebsten alte (viell.siehst
du mal an jemanden genau die richtigen,od.bei jemandem,sieh's aus od.nimm's weg,
hab ich oft gemacht,das beste verhältnis) aber wenn nicht, dann halt
kaufen,nicht den modedreck, sond.die "uralten" (desh.die bildchen)
o d e r als altenative : es gibt son stoff ähnlich samt,gibts auch jeans von,
der schlabbrig und weich ist od.schnell wird (wenn du kaufen mußt, versuch
dass du umtauschen ~~darfst~~ kannst od.zur auswahl)

noch 1 Paar Kniestrümpfe,dunkelblau,genau die Sorte wie zuletzt (in dem
Päckchen) burlington

und noch 1 T-shirt, viell.rot (einfach schön rot,tomaten od.weiß ich was,
jedenfalls nicht grad son knall wie unsre weiland schürzen aus hakenkreuzfahne,
wenn du noch weißt) s e h r groß,arschlang,lange ärmel,na eben schlabbrig

(die richtigen schuhe werden jetzt wohl über die anstalt beschafft)

s c h r e i b von d.reise,lass hören.
G.

Für die Hose musst
berücksichtigen: breitere
Knochen als Du,
gr. 170 cm
Gewicht ca ~ 105 Pfund

... Besonderer Beliebtheit erfreuen sich zur Zeit Jacken, die aus dem Stoff bereits getragener Blue jeans angefertigt wurden.
... weitere in...

15.3.73

Sister, nochmal
was die Klamotten im Seesack betrifft: ich mag hose und pull die hier sind nicht, pull nicht klein genug nicht groß genug kratzt das ding auch noch und in der hose hab ich wirklich gelitten, geschürft zu eng, das muss nicht sein.
ich bitt dich, probiers nochmal, eilt überhaupt nicht, natürlich nicht, wenn dus hast, bringst dus mal mit.

1 marineblauen pullover, arschlang größe 50, »engl.« sorte, heißt son »klassisches« ding, in jedem einigermaßen herrengeschäft, halsrunder ausschnitt (schmales halsbündchen, flach obwohl doppelt, ca. 1–2 cm breit), schräg gewobene schulternaht, möglichst dünn und warm, glatt und weich, du weißt schon, schön schlabbrig, lambswool oder weiß der teufel, was fürn gemisch.

1 hose, wirklich am liebsten blue jeans, wirklich am liebsten alte (vielleicht siehst du mal an jemandem genau die richtigen oder bei jemandem, zieh's aus oder nimm's weg, hab ich oft gemacht, das beste verhältnis), aber wenn nicht, dann halt kaufen, nicht den modedreck, sondern die »uralten« (deshalb die bildchen) oder als alternative: es gibt son stoff ähnlich samt, gibts auch jeans von, der schlabbrig und weich ist oder schnell wird (wenn du kaufen mußt, versuch dass du umtauschen kannst oder zur auswahl)
noch 1 Paar Kniestrümpfe, dunkelbau, genau die Sorte wie zuletzt (in dem Päckchen) burlington

und noch 1 T-shirt, vielleicht rot (einfach schön rot, tomaten oder weiß ich was, jedenfalls nicht grad son knall wie unsre weiland schürzen aus hakenkreuzfahnen, wenn du noch weißt), sehr groß, arschlang, lange ärmel, na eben schlabbrig

(die richtigen schuhe werden jetzt wohl über die anstalt beschafft) schreib von deiner reise (1), lass hören.

G.

Für die Hose mußt Du berücksichtigen: breitere Knochen als Du, Gr. 170 cm, Gewicht ca. 105 Pfund

(1) Gemeint ist die Reise von Christiane Ensslin nach Undingen, wo damals Gudruns Ensslins Sohn Felix lebte.

21.3.73

Liebe Diddel,
also alles wie man es auch mit geschlossenen Augen wissen kann und weiß. Sehr lakonisch, gut.
Naja und cannstatt, der tod. Dem alten hab ich auf einen eitlen verlogenen brief (ganz richtig: selbstdarstellung) nichts mehr geschrieben, und der alten noch dieses und jenes, aber grade so gut kann man sich mit dem papier den arsch wischen, wirklich dasselbe, immer wieder dasselbe. Genau, wie du sagst: man denkt sich was dabei um dann allerspätestens bei einem brief von ihr sich zu fragen wie lange das nun schon so geht, ganz hoffnungslos und die gefühle ein dreck sobald man versucht sie zu materialisieren – sie kann nicht, ein sack voll steinen, rumpeldipumpel, aber kein einziger gedanke der über den kram und den gram der sie längst erstickt hat rausginge, ein elend.
Das genügt, finde ich ganz entschieden, zigtausende denen man mehr zu sagen hat und die einem schon lange mehr sagen.
Also auch klar: dass es quatsch ist wenn sie käme. schreib ich ihr/und du halt den daumen drauf.

Wenn du liest: gibt im Sozialistischen Jahrbuch 4 (1) (erstens vorne drin was über psychiatrie), aber vor allem hinten von debray über die tupamaros, was ganz gut ist, ein paar wichtige dinge zu fassen kriegt.

Sei umarmt, G.

(1) Im Sozialistischen Jahrbuch Nr. 4, erschienen im Wagenbach-Verlag, Berlin 1972, schrieb Régis Debray einen Beitrag mit dem Titel: »Was wir von den Tupamaros lernen können«. Die Tupamaros in Uruguay entstanden Anfang der 60er Jahre. Ihre militärischen und propagandistischen Aktionen machten sie sehr populär, sie wurden zum Vorbild der europäischen Stadtguerillagruppen. Nach der Zerschlagung ihrer Organisation in den frühen 70er Jahren, nach Haft und Folter während der Militärdiktatur in Uruguay, haben einige Mitglieder der früheren lateinamerikanischen Widerstandsbewegung den Weg ins Parlament genommen.

Régis Debray, französischer Schriftsteller und Revolutionstheoretiker, kämpfte gemeinsam mit Che Guevara, wurde 1967 in Bolivien festgenommen und zu 30 Jahren verurteilt. Auf Intervention Frankreichs wurde er 1970 freigelassen. Gudrun Ensslin, Andreas Baader und Thorwald Proll (siehe Lebenslauf 05.04.1968) lebten 1970 einige Wochen in seiner Pariser Wohnung.

14.4.73

liebe genossin sister, wie dein Brief sie sachen sagt – eindeutig emanzipatorische spur, eindeutig echt spaß zu lesen!
Du willst mehr briefe, längere, das ist so eine sache, – – – weil ich natürlich, aus mehr als einem grund, nicht mehr sagen will als NÖTIG, verstehst du, und klar, dass ich es auch x jahre bringen würde, keine briefe zu schreiben, du verstehst, immer schön dran denken, dass die s--- kein RECHT haben die briefe zu lesen, es aber TUN. (in turin z.zt. ein hungerstreik von »fast allen« von 1000 gefangenen, gegen die postzensur und für »sex«. na bitte)
»Große scheiße« – der begriff!
»und übermorgen ist hoffentlich generalstreik« (1) – schwester, was für ein irre schöner satz. Genau so wie er da steht, steht er in der geschichte der arbeiterkämpfe, siegesgewiss und voller niederlage, oder anders, so ähnlich von luxemburg irgendwo irgendwann: »der klassenkampf ist der einzige krieg, der von niederlage zu niederlage zum sieg führt.« Klar. Und vor dem generalstreik der ARBEITER (kann ich mir jedenfalls leicht vorstellen, und wenn du die zwar schon bemooste, aber noch immer aktuelle oder auch überhaupt erst aktuelle Taktik von spd und gewerkschaft analysierst: du dir auch) kommt allemal erst noch der »generalstreik« der gewerkschaft, verstehst du, durch formalitäten höhlt man inhalte aus, aber klar auch, dass die gewerkschaftsfunktionäre zum ersten mal seit vielen jahren in der enge sind, ins schwitzen geraten.
aber jedenfalls stehen vor dem generalstreik der arbeiter noch einige berge, struktur aus macht/staat/gewalt/gesetz/massenmedien und gewerkschaftsapparat, erst wenn sie, die arbeiter und DAS kollidieren, indem sie kollidieren entsteht das bewußtsein, das die bourgeoisie buchstäblich ums verrecken verhindert: dass da macht mit macht kollidiert, und wie gesagt, zwischen diesem bewußtsein stehen noch ganz gewaltig spd und gewerkschaft. Das ist die eine sache.
Die andere ist selbstverständlich, dass gegen die macht mit

der der grundwiderspruch (kapital/arbeit, und international heißt er europa, usa etc. gegen 3. welt) sich selber treibt, kein kraut gewachsen ist, außer dem handeln der unterdrückten klasse. wie gesagt: der springende punkt der dialektik, dass handeln nicht ohne bewußtsein und bewußtsein nicht ohne handeln (und handeln ohne bewußtsein oder bewußtsein ohne handeln wird früher oder später faschismus, egal ob neuer oder alter, klar?)

Diesen springenden punkt haben ein paar drucker in köln gesehen und gelöst: der rationalität und »verfassung« des kapitals haben sie einfach die rationalität der arbeit entgegengesetzt, natürlich unter zeter und mordio der gewerkschaft: einen kommentar mit der Überschrift »niemand will diesen streik« und dem inhalt, die drucker verdienten ja sowieso am meisten, haben sie einfach nicht gesetzt und nicht gedruckt, mit der lapidaren erklärung: sie seien nicht »niemand« und die funktion des leitartikels sei, andere arbeiter von solidarität abzuhalten, zu spalten. Wie wahr. und natürlich: was für ein skandal, wenn arbeiter nicht die netten arschlöcher sind, mit bloß piepen und konsum im kopf, sondern gedanken, und auch noch richtigen, wo bleibt da das gesetz wonach ...

also einfach: begreifen und handeln ist eins, das

ist der springende punkt und das ist das gesetz des volkes gegen das gesetz des kapitals/der bourgeoisie samt kapitalisierter bourgeoisierter gewerkschaft, demnach handeln selbstverständlich verboten ist. Aber eben »scheiß drauf« ist die historische antwort drauf, und so gesehen ist die geduld (wenn z.b. natürlich nicht übermorgen) ein kinderspiel. Ja?

Nur in diesem zusammenhang, verstehst du, kann ich worte über irgendwelche erscheinungen an meinem ranzen verlieren, gerötete augen, entzündete lider, fällt mir echt zu nix ein, früher oder später könnt ihr und werden die rechtsanwälte solche »erscheinungen« den menschenrechtskonventionsgremien in genf präsentieren, die irischen genossen, weil schon etwas älter, sind da schon gelandet. (mir fällt dazu höchstens ein, dass ich vielleicht ne brille hier haben müßte, dass ich tatsächlich die ersten sekunden auf dem hof alles nur unscharf sehe, was schließlich bei 23 1/2 stunden gegen eine halbe kein wunder ist, denn lesen tu ich eigentlich garnicht viel.)

umarmung g.

Diese Perle anbei, weil: wenn du da durchblickst, wie und womit es getrieben wird, Bewußtsein zu verhindern und zu denunzieren, daran: blickst du durch.

(1) 6.4.73 | S. 4

Die neue Hetzjagd eine Perle

Man fragt sich, was einen angesichts der Frankfurter Vorgänge mehr schaudern macht: der kalte politische Fanatismus der Rechtsbrecher und Gewalttäter; die SPD-Genossen, welche immerzu primär das Vorgehen der demokratisch legitimierten Staatsorgane beklagen; oder die gleichgültige Unempfindlichkeit, in welcher ein großer Teil der jungen Generation mit höherer Bildung dem Treiben zuschaut. Im Zweifel, so scheint hier die Stimmungslage, ist man für die linken Genossen, also gegen die Polizei. Vom Recht redet da keiner, es scheint diesen Jungen Hekuba.

Hier ist mit aller gebotenen Kühle festzuhalten: Genau so ist junge Intelligenz in den zwanziger und dreißiger Jahren mit den Juden umgesprungen, mit dem „System", mit der Justiz. Genau so wie jetzt in Frankfurt haben die Sympathisanten in den politischen Parteien und in den Organen des Staates damals reagiert. Man verhielt sich nachgiebig, verständnisvoll und stets in der Attitüde des „zwar aber". *Zwar* sei das Verhalten der jungen Herren, die da oder dort einen Juden oder einen Professor durch die Straßen trieben, verhöhnten, anspuckten, bedrohten, zwar sei das nicht zu billigen, ach gewiß nicht — *aber* andererseits, nun denn, sei ja doch vieles an dem „Protest" berechtigt. Und die Richter waren meist milde, wenn es gegen „rechte" Täter ging. Sind wir wieder so weit? Nur daß aus dem Wort „Jude" nun „Kapitalist" oder „Spekulant" geworden wäre (aber das waren auch damals schon austauschbare Begriffe!) Wäre also heute „links" ein ebensolches Alibi, wie damals „rechts" eines gewesen ist?

Angesichts der Gleichartigkeit des Terrors und selbst der Schlagworte (zum Beispiel „Gangster" für den durch die Straßen gejagten Frankfurter Oberbürgermeister), angesichts solcher Methoden verkommt die feine Unterscheidung zwischen *links* und *rechts* zur bloßen Rabulistik. Die intellektuellen Wortführer des „linken" Sozialismus sollten einmal bei Goebbels oder bei den Lehrinhalten der Ordensburgen nachlesen. Sie werden sich wundern, wie sich die Worte und die Taten gleichen. Freilich, dort hatte man viel bei Lenin gelernt. — Ein freiheitlicher Rechtsstaat, in welchem Polizei und Gerichte an das Gesetz gebunden sind, und Gesetze nur von Parlamenten geändert werden dürfen, darf sich indessen nicht selbst zum Gespött machen. h*

(1) Drucker-Streik: Nach 21 Jahren kam es am 9. April 1973 zum ersten Arbeitskampf in der Druckindustrie der BRD. Von den 120 000 gewerkschaftlich organisierten Arbeitnehmern haben sich in einer Urabstimmung 91,8 Prozent für den Streik ausgesprochen. Die Forderung war eine 13-prozentige Erhöhung der tariflichen Ecklöhne. Die Absprache zwischen den Streikenden und der Gewerkschaft, keinesfalls Informationenen an die Arbeitgeber weiterzugeben, wurde nicht eingehalten, deshalb konnten die Warnstreiks von der Arbeitgeberseite aus unterlaufen werden. Bereits nach einer guten Woche war der Streik zusammengebrochen. In Köln haben die Drucker entschieden, daß der Leitartikel des Chefredakteurs nicht zu erscheinen habe. In der »Neuen Ruhr Zeitung« wurde der Leitartikel aus der Druckplatte herausgefräst. Das SPD-eigene »Westfalenblatt« wurde gezwungen, eine Anzeige der Verleger zu entfernen.
Allgemein finden von Februar bis Oktober 1973 bundesweite wilde Streiks von mehreren zehntausend Arbeitern in der Auto- und Stahlindustrie statt. In einigen Betrieben werden die Streiks in einer konzertierten Aktion von Polizei und Werkschutz (z.T. mit Billigung der Gewerkschaft) niedergeschlagen.

19.6.73 (1)

schwester, wie's aussieht, bitte ich dich, mir in jedem fall den pullover (marineblau, wie beschrieben) mir doch zu schicken (die paketmarke dazu müßte hier im brief liegen) – bis 1. juli bitte, und wenn du's hast, auch das t-shirt, möglichst großes (und doch nicht rot, die stimmungen, die stimmungen, lieber doch ne dunkle farbe, schwarz oder dunkelblau).
es wäre sicher eine menge nötig zu sagen, aber nicht um diesen preis.
bleibt übrig die feststellung, dass du dich, wörtlich zu nehmen, nicht einen zentimeter von der stelle gerührt hast, denn das bleibt das wichtigste: wirklichkeit, verstehst du, nicht worte.
und natürlich werd ich nicht müde, dich auch dessen zu versichern, dass ich natürlich alles (z.b. was dich, meine schwester und alles was du eben als gesellschaftliches wesen/produkt bist) verstehe, warum und wieso das so ist wie es ist,
aber das ist nur die hälfte, erst die hälfte, d.h. damit kannst du natürlich (und jeder) noch 10 oder 30 jahre lang auf der seite der
hart gesagt: »schuldigen« bleiben.
(und was das besagen soll, dazu lies mal, wenn dus noch nicht getan hast, george jacksons briefe aus dem gefängnis, scherz verlag, genauer titel: »soledad brothers«, In die Herzen ein Feuer – vor allem die briefe des letzten drittels)

g.

(nochwas zu dem krempel: wenn du's auftreiben kannst, schick auch mit ein schuh-färbe-mittel, nicht creme, hab da glücklich ein paar schuhe die sehr sympathisch, bequem sind, aber zweifarbig, und auch noch teils knallrot, will sehen, ob man die ganz schwarz machen kann, also schwarzes färbemittel – ins paket rein)

(1) Gudrun war in der Zeit vom 8.5 bis 29.6.1973 im Hungerstreik – siehe auch Anmerkung 3 zum Brief vom 9.2.1973.

6.7.73

sister, alle stücke des päckchens waren nun wirklich bestens – sei bedankt.
wenn es was zu schreiben gibt, dann schreib das mal, obwohl ich ja davon ausgehe, daß du dir das an informationen über die anwälte beschaffst, was es, hungerstreik ect., zu wissen gibt, aber (natürlich) so gut wie nicht in der zeitung steht.
die arme sölle (1), musste sich den vernichtenden vorwurf gefallen lassen, sie unterstützte revolutionäre ... und das – hat sie dann doch schleunigst gelassen, logisch.
wie stehts mit: krieg?
(oder wie oder was, ich meine natürlich den, der den frieden bringt, dir z.b.)

g.

(1) Dorothee Sölle, 1929-2003, war eine weltweit bekannte evangelische Theologin. Sie vertrat eine politische Theologie, die von der Befreiungstheologie Lateinamerikas geprägt war.

19.7.73 h

18.7.

sister, weiß ja nicht ob du nicht grade in ferien bist.- aber dann auch egal, heißt dann halt paar wochen später: 2 sachen.

1. besorg ne leichte (typ opa, gewichtsmäßig leicht) brille mit getönten, lichtabsorbierendem normalglas, grünlich oder grauton, nicht so dunkel wie sonnenbrille, denn ich brauch sie in der zelle. heißt ich erhoffe mir davon ne erleichterung, gibt einfach so zeiten, wo mir das helle neonlicht zusetzt (das 'normalerweise' est. eher gut als schlecht ist. heißt gut zum lesen - aber es gibt eben zeiten, wo ich nicht lesen kann, oder will, weiß der teufel, nerven, klar, wo sämtliche nervenstränge sich sowas wie in oder hinter den augen konzentrieren, und dagegen wünsch ich mir aus so ne brille, augentropfen vom arzt haben jedenfalls nichts geholfen in der sache, is ja auch klar, dass tropfen nicht grade lichtundurchlässiger machen) musst für die brille vermutlich ne genehmigung sowohl vom bgh wie anstalt einholen, wird wohl so ähnlich einzustufen sein wie die uhr: ein privileg...

2. schon wieder paket, marke müßte im brief liegen, "geburtstag", und was reinsoll weißte ja nun schon, wie weihnachten ungefähr, sehrgut wäre ne haarbürste dazu, ne gute, nicht draht, trotzdem kräftig, aber achte drauf, dass man zweifelsfrei sieht, dass es nichts anderes als ne haarbürste ist, also keine hohlräume wie die drahtbürsten ja haben, sondern holz- oder (besser noch:) durchsichtigen plastikgriff.

von groenwold weiß ich nun ne familie, die für felix das wünschenswerte wäre und dazu bereit ist, - darüber will ich mit dir aber nochmal reden, ehe irgendwas in die wege geleitet wird.

'ergebnis' des hungerstreiks : eskalation (wirste wohl in den verschiedensten aber gleichermassen verschwiegenen zeitungen gelesen haben) - eskalation, wie könnte es auch anders sein.

naja, ich lassen, soll ja ankommen, das briefchen.

grussgruss g.

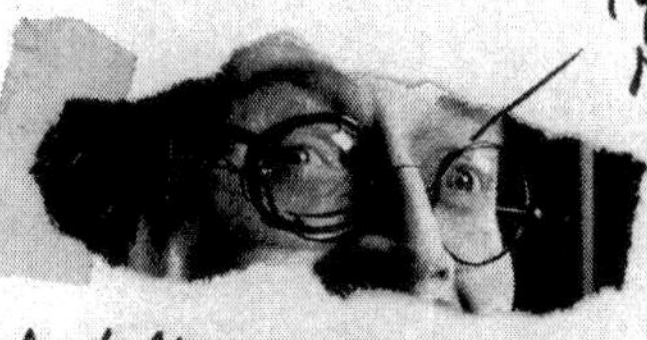

Typ, aber nicht rund, möglichst, sondern oben etwas breiter als unten heft.

mit Schatulle, metall, gibt so Klappkästchen, stabilst + billigst.

18.7.73

sister, weiß ja nicht ob du grade in ferien bist – aber dann auch egal, heißt dann halt paar wochen später: 2 sachen.

1. besorg ne leichte (typ opa, gewichtsmäßig leicht) brille mit getöntem, lichtabsorbierendem normalglas, grünlich oder grauton, nicht so dunkel wie sonnenbrille, denn ich brauch sie in der zelle. heißt ich erhoffe mir davon ne erleichterung, gibt einfach so zeiten, wo mir das helle neonlicht zusetzt (das »normalerweise« natürlich eher gut als schlecht ist. heißt gut zum lesen – aber es gibt eben zeiten, wo ich nicht lesen kann, oder will, weiß der teufel, nerven, klar, wo sämtliche nervenstränge sich sowas wie in oder hinter den augen konzentrieren, und dagegen wünsch ich mir nun so ne brille, augentropfen vom arzt haben jedenfalls nichts geholfen in der sache, is ja auch klar, dass tropfen nicht grade lichtundurchlässiger machen) musst für die brille vermutlich ne genehmigung sowohl von bgh wie anstalt einholen, wird wohl so ähnlich einzustufen sein wie die uhr: ein privileg ...

2. schon wieder paket, marke müßte im brief liegen, »geburtstag«, und was reinsoll, weißte ja nun schon, wie weihnachten ungefähr, sehrgut wäre ne haarbürste dazu, ne gute, nicht draht, trotzdem kräftig, aber achte drauf, dass man zweifelsfrei sieht, dass es nichts anderes als ne haarbürste ist: also keine hohlräume wie die drahtbürsten ja haben, sondern holz- oder besser noch durchsichtigen plastikgriff.

von groenewold weiß ich nun ne familie, die für felix das wünschenswerte wäre und dazu bereit ist, – darüber will ich mit dir aber nochmal reden, ehe irgendwas in die wege geleitet wird.

»ergebnis« des hungerstreiks: eskalation (wirste wohl in den verschiedensten aber gleichermassen verschwiegenen zeitungen gelesen haben) – eskalation, wie könnte es auch anders sein.

naja, ich lasses, soll ja ankommen, das briefchen

grußgruß g.

Bild mit Brille, dazu handschriftlich: Typ, aber nicht rund, möglichst, sondern oben etwas breiter als unteren Teil. Mit Schatulle, Metall, gibt so Klappkästchen, stabilst + billigst.

27.7.73

Schwester, hab ich vergessen:
da die kälte den käfig schon wieder durchdringt – ich brauche ein neues paar strumpfhosen, ebensolche wie letztes mal, heißt so warm + weich + nichtkratzend, farbe ist egal, eben schwarz oder grau oder beige. (die letzten haben faustgroße löcher + sind überhaupt recht mürbe geworden.) bring sie beim nächsten besuch mit – falls Du bis dahin welche auftreiben kannst, ist ja nicht grade die jahreszeit.

was m. (1) in seinem trägen kopf nicht begreift, bzw. eben auch grade nicht begreifen will ist: dass unter kapitalistischen verhältnissen einem das bisschen »eigentum« eben so wenig »gehört« (also z.b. »10 jahre« oder was immer, was man sich eben unter solchen bedingungen und solchen preisen so »anschafft«, ranschafft, zusammenrafft –), so wenig gehört, dass man darüber sowohl erpressbar ist wie selbst erpresst. »was auch sonst«! und die totalität, mit der das funktioniert und als deren kleinste einheit man selbst in ihr funktioniert (jeder sein eigener bulle, jeder sein eigener gefangener, jeder sein eigener kranker) – das nennt man imperialismus, oder meinetwegen »imperialismus nach innen«.

wir reden nächstesmal darüber, denn das ist klar: empört mich, ist eben eins der vielen (aber doch identischen) muster von unterdrückung und terror – so ein verhältnis, das auf illusionen eben angewiesen ist, d.h., wenn sie sich verflüchtigen bleibt die BASIS nackt übrig: angst/terror/besitzanspruch, statt der VERWIRKLICHUNG des traums: freiwilligkeit, ganz andere art von besitz (marx spricht in den ökonomisch philosophischen manuskripten im unterschied zum privatbesitz vom »menschlichen besitz, sozialen besitz« – der eben gegen die verhältnisse des privatbesitzes nur errungen, also nur erkämpft werden kann, nur gegen die verhältnisse in denen der egoismus (belohntes) prinzip ist, also nur im kollektiven, altruistischen zusammenhang zu erkämpfen ist, und »besitz« nur in radikal anderer bedeutung darstellt: nicht im vulgärmateriellen sinn von »soviel schon mal auf dem konto oder im strumpf oder im bett«, sondern im sinn materialistischer dialektik: immer neu zu erringen, eben: ein langer kampf–)

g.

(meine frage nach gottfried bedeutete nur, daß ich wissen will, ob es ihm GUT geht – ja?)

(1) Der damalige Freund von Christiane Ensslin.

16.8.
damit du nicht denkst ich hätte das paket nicht gekriegt – ich hab's und es ist natürlich gutes Zeug wie immer ...
im übrigen – wie gesagt: da diese sorte »mensch« derart scharf auf geschriebenes ist: lasse ich's, heißt sollen sie sich, was sie so »brauchen« auf ihre weise beschaffen, heißt ohne meine hilfe.

g.

eh, sister, wegen felix: ich will mit den alten darüber sprechen, wird wohl das beste sein, weil möglichste – abgesehen davon, dass das eben dann der eine besuch ist, den ich sowieso mal vorhatte, damit sie kapieren, dass es so oder so nicht ich bin, die ihre letzten tage »stört«.
allerdings – sollten sich natürlich nach dir richten, heißt nicht dann kommen, wenn du willst und kannst, klar.

20.11.73

Schwester – beim letzten besuch schon gesagt, aber hier stehe es nochmal: es könnte sich nun nur um den fehler handeln, dass du auf irgendwelche »intelligenz«-arschlöcher reinfällst. vom regen in die traufe. arschlöcher soll heißen: dass es wimmelt von diesem typus, der sich selbst schon deshalb für'n sozialisten hält, weil er um genau soviel, wie er aufgehört hat vom kapitalismus zu schmarotzen, angefangen hat vom sozialismus zu schmarotzen (und vor allem von der revolution, wo es sie »natürlich« geben darf: in der 3. welt). es wimmelt wirklich von solchen typen. vor allem in funkhäusern und sonstigen redaktionen.
das wichtigste ist: dass du rauskriegst (und das ist ein prozess, mit fehlern und allem drum und dran, lernprozeß) was basis ist, was sie fordert, dass Du selbst als ein teil von ihr ein aktiver teil von ihr wirst, also zu ner richtigen selbsteinschätzung deiner selbst, deiner fähigkeiten, deiner starken und schwachen seite(n) kommst.
bücher ohne kontinuierliche praxis sind natürlich garnix wert. aber mit: unentbehrlich. ist doch klar, wem die Fragen nicht brennen, bei dem zünden auch die antworten nicht.

in diesem brief müßte ne paketmarke liegen. was ich will ist auf jedenfall: 2 kerzen, cafe, tee, zigaretten usw. und nochmal ne zahnbürste, doch besser perlon, denn die »naturborste« ist schon hinüber.
paar nürnberger lebkuchen und je nachdem es mit dem gewicht ist ne nelkenseife (roger & gallet – aber pack das gut gegen die anderen sachen ab. seifenlebkuchen will ich natürlich nicht) und vielleicht etwas festen tannenhonig.
und sieh mal zu, ob du ne gute weltkarte auftreibst – musst du in ein fachgeschäft (die karte schickst du aber besser extra, nicht im paket).
die programmierten faschisten hier bringen's ohne weiteres, die beugehaft (1) in nichts zu unterscheiden von der strafhaft. immerhin gibt es einige anstalten, denen der widerspruch – zwischen beugehaftvollzug und isolationsvollzug – denn

doch zu fett vorkommt, offenbar, denn die haben es abgelehnt, die beugehaft zu vollziehen. aber essen natürlich nicht.

ist mir nicht ganz klar, warum du dich nochmal der quälerei eines besuchs in cannstatt ausgesetzt hast. bzw. es kann natürlich sein, daß der plötzliche entschluss der alten, mich doch zu besuchen, und mich zusammen zu besuchen, auf deinen besuch zurückzuführen ist. (denn wie gesagt, kam ja mal ein brief, aus dem zu schließen war, dass sie sich raushalten wollten was felix angeht und dass sie nicht zusammen kommen wollten.) wie auch immer: sie kommen demnächst hierher und ich werde mit ihnen über felix sprechen, das ist der zweck, und ohne jede erwartung meinerseits.
ziemlich witzig: der bgh hat tatsächlich (soll heißen: liegt schriftlich vor) Kursbuch 32 (2) beschlagnahmt.
schreib wann etwa du deinen nächsten besuch hier planst, damit ich wenigstens annähernd bescheid weiß (nicht wegen dringlichkeit – weißt du ja).

G.

21.11.73
PS zu gestern: ich nehme an, dass sie dir in den brief nicht nur die paketmarke, sondern auch das merkblatt reingelegt haben – mir haben sie heute auch prompt eins hingelegt, und der satz »die pakete dürfen nur nahrungsmittel und genussmittel sowie eine tabakpfeife« war rot unterstrichen.
beachte nur, dass es das merkblatt für strafgefangene ist – und eben das ist symptomatisch für die art und weise hier: denn ich bin ja witzigerweise nicht strafgefangene – bis mai. gutes beispiel – wa?

g.

(1) Gudrun Ensslin war im Prozeß gegen Brigitte Asdonk u.a. vor dem Landgericht Berlin als Zeugin geladen. Am 17. Juli 1973 sollte sie vernommen werden. Da sie die Aussage verweigerte, erging folgender Beschluß: »Die Zeugin Ensslin wird ... zu einer Ordnungsstrafe von 300 Mark, ersatz-

weise drei Tage Haft verurteilt. Zur Erzwingung ihrer Aussage wird angeordnet, daß sie für die Dauer von sechs Monaten ... in Beugehaft zu nehmen ist.« Rechtsanwalt Kurt Groenewold legt am 17.August 1973 gegen diesen Beschluß Beschwerde ein. Am Ende verwirft der Bundesgerichtshof im Oktober 1973 die Beschwerde. Vom 7. bis 9. November 1973 ist Gudrun Ensslin in Ordnungshaft und vom 10. November 1973 bis 9. Mai 1974 in Beugehaft.

(2) Kursbuch 32: »Folter in der BRD – Zur Situation der Politischen Gefangenen«, Rotbuch Verlag, Berlin, August 1973.

Merkblatt

für den Paketempfang in Justizvollzugsanstalten des Landes Nordrhein-Westfalen

I.

1. Strafgefangene dürfen zu Weihnachten und zu ihrem Geburtstag ein Paket empfangen. Das Gewicht, die Verpackung eingeschlossen, darf bei dem Weihnachtspaket 5 kg, bei dem Geburtstagspaket 3 kg nicht übersteigen.

2. Die Pakete dürfen nur Nahrungs- und Genußmittel sowie eine Tabakpfeife, 50 Pfeifenreiniger, eine Zigarren- oder Zigarettenspitze und ein Feuerzeug enthalten. Tabakwaren sowie Kaffee- und Tee-Extrakte sind nur eingeschränkt zugelassen. Ein Paket darf höchstens enthalten:

   a) 200 g Pfeifen- oder Zigarettentabak mit 8 Heften Zigarettenpapier oder
   140 Zigaretten oder
   50 Zigarren oder
   80 Zigarrillos,
   b) 100 g Kaffee-Extrakt,
   c) 50 g Tee-Extrakt.

   In den Paketen für junge Gefangene, die das 16. Lebensjahr noch nicht vollendet haben, dürfen weder Tabakwaren noch Raucherbedarfsartikel enthalten sein.

   Nicht gestattet ist die Zusendung von

   Getränken oder anderen als den unter b) und c) genannten Extrakten zur Herstellung von Getränken,
   Alkohol und anderen berauschenden Mitteln,
   gefüllten Schokoladenerzeugnissen,
   Süßstoff und Tabletten jeder Art (einschließlich Vitamintabletten) und
   Nüssen in Schalen.

   Verpackungen in Gläsern, Steingutnäpfen, Tuben und verlöteten Dosen sind nicht zugelassen. Dies gilt nicht für die unter b) und c) genannten Extrakte.

3. Jedes Paket muß ein Inhaltsverzeichnis enthalten und auf der Umhüllung mit einer von der Justizvollzugsanstalt ausgegebenen Paketmarke sowie mit der Anschrift des Absenders versehen sein.

4. Das Weihnachtspaket soll rechtzeitig, und zwar in der Zeit vom 10. bis zum 22. Dezember eingehen. Vor dem 10. Dezember und nach dem 10. Januar eingehende Pakete werden nicht angenommen. Das gleiche gilt für Pakete, die früher als 14 Tage vor oder später als 14 Tage nach dem Geburtstag eingehen.

   Zum Empfang werden nur solche Pakete zugelassen, die mit einer Paketmarke versehen sind.

   Die Anstalt kann die Annahme von Paketen, die unzeitig, ohne Paketmarke oder mit Übergewicht eingehen, bereits auf dem Postamt verweigern. Sie teilt dem Gefangenen und, sofern die Absenderanschrift angegeben ist, auch dem Absender die Annahmeverweigerung und den Grund dafür mit.

VG 96 Merkblatt für Paketempfang
JVA Rheinbach

5. Gefangene dürfen von karitativen Stellen ein Paket empfangen, wenn sie damit sonst nicht bedacht werden.

6. Die Pakete werden in Gegenwart des Empfängers von zwei hierzu besonders bestimmten Bediensteten geöffnet. Der Paketinhalt wird auf verbotene Gegenstände und Vollzähligkeit nach dem Inhaltsverzeichnis geprüft. Ein nach Nr. 2 nicht zugelassener Gegenstand ist zur Habe des Gefangenen zu nehmen. Abweichungen von dem Inhaltsverzeichnis sind auf diesem zu vermerken.

   Der Gefangene hat den ordnungsgemäßen Empfang des Pakets schriftlich anzuerkennen.

7. Die Gefangenen können rechtzeitig vor Weihnachten und ihrem Geburtstag eine Paketmarke und ein Merkblatt anfordern, um sie den ausgehenden Briefen beizufügen.

8. Gefangene, die kein Weihnachts- oder Geburtstagspaket erhalten, dürfen zu diesen Festtagen Nahrungs- und Genußmittel zusätzlich einkaufen. Für den Weihnachtseinkauf dürfen bis zu 30,– DM, für den Einkauf zum Geburtstag bis zu 20,– DM ausgegeben werden.

   Für die Sondereinkäufe ist in erster Linie das Eigengeld, und nur, soweit dieses nicht ausreicht, die Rücklage zu verwenden. Der Sondereinkauf soll nur erlaubt werden, wenn zu erwarten ist, daß dem Gefangenen im Zeitpunkt seiner Entlassung ein Guthaben von mindestens 75,– DM zur Verfügung stehen wird.

9. Gefangene, die nicht einer der christlichen Konfessionen angehören, dürfen, wenn sie nicht das Weihnachtspaket wählen, anstatt dessen aus Anlaß eines hohen Feiertages ihres Glaubens oder zu Neujahr ein Paket empfangen. Das Paket soll rechtzeitig eingehen. Ein Paket, das früher als 14 Tage vor oder später als 14 Tage nach Neujahr oder dem hohen Feiertage eingeht, wird nicht angenommen. Die Bestimmungen in Nr. 4 (Abs. 2, 3) finden entsprechende Anwendung.

II.

1. Die Bestimmungen in Abschnitt I gelten auch für Sicherungsverwahrte.

2. Der Sicherungsverwahrte darf außer dem Weihnachts- und Geburtstagspaket vierteljährlich ein weiteres Paket empfangen. Diese Pakete dürfen einschließlich Verpackung höchstens 3 kg wiegen. Die Bestimmungen in Abschnitt I Nrn. 2, 3, 4 (Abs. 2, 3), 6 und 7 finden entsprechende Anwendung.

   Erhält der Sicherungsverwahrte kein Paket, so kann ihm jeweils ein Sondereinkauf bis zum Betrage von 20,– DM von dem Eigengeld oder, soweit dieses nicht ausreicht, von der Rücklage gestattet werden. Für den Sondereinkauf darf die Rücklage nur in Anspruch genommen werden, wenn zu erwarten ist, daß dem Sicherungsverwahrten im Zeitpunkt seiner Entlassung ein Guthaben von mindestens 250,– DM zur Verfügung stehen wird.

3. Die Vorschriften in Abschnitt I gelten für Untersuchungsgefangene entsprechend, soweit der Richter nichts anderes bestimmt.

Briefe an Gottfried Ensslin

7.8.72 (1)

Lieber Gottfried,
Dein Brief freut mich sehr, das ist klar. Der Wurm liest mit, vergiß ihn, bzw. er bringt sich schon selbst in Erinnerung durch Beschlagnahme von Briefen, die er entweder nicht versteht oder falsch versteht, oder in seiner Armseligkeit eben verstehen muß. (es gibt schon die 1. Szene einer Komödie: ein Brief, in dem ich Christiane »auffordere, der RAF beizutreten«, das kannst Du Dir nicht vorstellen, wie – ICH auch nicht. Aber der Wurm kann alles. So gesehen ist es ein Glück, daß Du freigesprochen wurdest.) (2) Gleich auch dieses noch: Du mußt wissen, daß alles, was Du mit schreibst, in der V-Akte landet, die es sicher über Dich gibt (ein schmutziges Terrain). Ich sage das, weil es ein Fehler wäre zu glauben, zwischen der abstrakten/historischen Kenntnis von »sowas« und der absolut notwendigen Realisation davon bestünde ein Unterschied, jedenfalls für Dich nicht.
Und auch das noch vorneweg, das Linsengericht, die Presse. Sei schlau, laß' Dich nie überrumpeln. Dir muß ich nicht erklären, was die existierende Presse ist. Dazu kommt: ich habe beim BGH beantragt, daß bei den Besuchen ein Tonband mitläuft, nicht obwohl die S-Gruppe Bonn (3) dabeihockt, sondern weil. Ist mir natürlich auch klar, daß bei der Funktion und also Praxis der Justiz auch dies schon wieder nur dem Schein dient: die Urteile stehen fest. Hoppe (4). Die Reaktion erhebt ihren Schweinskopf.
Den Schluß Deines Briefes bildet ein mir vertrauter Gedanke: die Revolutionierung des bürgerlichen Subjekts, um revolutionäres Subjekt werden zu können, es schließlich zu sein. Ein irrer Weg.
Soziologie, das ist ja sehr gut. Was machst Du sonst? Gibt es irgendeine Art politischer Praxis – ein Begriff wie Religion, immer noch so undefiniert, teils wegen der objektiven Situa-

tion der Linken, teils wegen ihrer Trägheit, Lauheit – ihr bürgerlicher Arsch; egal, das ändert sich fast sicher immer schneller, Widerstand wird der Begriff werden. Wenn ich höre, daß die Belegschaft einer Kölner Firma Hoppe einen solidarischen Brief geschrieben hat nach dem Urteil, wird mir ganz warm um's Herz – es ist hier nämlich kalt – und bitte, ich habe sicher keinen ML-Zug an mir/in mir.
Schick' mal ein Foto von Dir, Du weißt doch, sowas gehört zum Schatz eines Gefangenen. Und kommen sollst Du natürlich auch. (Mußt an den BHG, Knoblich, Postfach 1661, Karlsruhe schreiben um Besuchsschein.)

Herzlich Gudrun

(1) Dieser Brief und der Brief an Christiane Ensslin vom 28. 07.1972 wurden angehalten. Siehe dazu im Anhang die Beschwerde vom 01.09.1972.

(2) Gottfried Ensslin, der von 1968-1971 am St. John's College im englischen Cambridge studierte, wurde im sog. Garden-House-Prozess im Sommer 1970 mit sechs weiteren von insgesamt 15 Angeklagten freigesprochen. Die anderen acht, darunter sein Zimmergenosse Peter, wurden zu Haftstrafen von bis zu 18 Monaten ohne Bewährung verurteilt. Im Februar 1970 hatte das Londoner Fremdenverkehrsbüro der damals in Griechenland herrschenden faschistischen Junta einen »Folklore-Abend« im luxuriösen Cambridger Garden House Hotel veranstaltet, gegen den die Cambridge-Linke protestierte. Es kam zu Tumulten, Festnahmen und Denunziationen durch die universitätseigene Privatpolizei. Die konservative Presse bauschte die Sache auf und trat eine Hetzkampagne los. Die Herrschenden in England wollten mit allen Mitteln verhindern, dass die kontinentale Studentenrevolte auf die Insel herüberschwappt und schufen ein repressives Klima, in dem solch drakonische Gerichtsurteile zur Abschreckung dienen sollten. Etwa zur selben Zeit war Rudi Dutschke auf Einladung linker Professoren in Cambridge und beantragte eine Aufenthaltsgenehmigung, die ihm der Innenminister der neu gewählten konservativen Regierung Heath verweigerte, der ihn schließlich Anfang 1971 des Landes verwies.

(3) Gemeint ist die Sicherungsgruppe des Bundeskriminalamts (SOKO).

(4) Hoppe: siehe dazu Anmerkung 1 zum Brief vom 28.07.1972.

Nr. 2
31.8.72

Lieber Gottfried,
die Numerierung wird Dir gleich sinnvoll erscheinen:
»...wird der Brief an G. Ensslin vom 7.8.72 ... von der Beförderung ausgeschlossen ...
Die Briefe enthalten ... beleidigende Äußerungen über die Justiz ... Die Beschuldigte verfolgt damit ersichtlich das von den Mitgliedern der kriminellen Vereinigung in ihrem Kampf gegen die in der Bundesrepublik herrschende freiheitlich Grundordnung angestrebte Ziel, mit allen ihnen zu Gebote stehenden Mitteln das Vertrauen der Bürger in den Staat und seine Organe zu erschüttern.«
Knoblich erspart Dir, Bürger, Erschütterungen. Es herrscht. Es war ein harmloser Brief. Aber es herrscht. Kein unanständiges Wort drin. Du weißt, welche das sein könnten.

Verschaff' Dir 'nen Besuchsschein vom Knoblich (75 Karlsruhe, Herrenstr. 45a) und zeige Dich hier. Ich freu' mich drauf, und die Freude über Deinen Brief ist beschlagnahmt, aber vorhanden.

Herzlich
Gudrun

1.10.1972

Lieber Gottfried,
solche Besuche sind wie die doppel- und siebenköpfigen Schlangen, ich meine, die Sache ist höchst unbefriedigend, wenn man bedenkt, daß es mir seit ein paar Jahren wichtig ist, das was ich zu sagen habe, klar zu sagen oder eben die Fresse zu halten. Klar ist jetzt, »naturgemäß« wie es heißt, nur, daß mir bei den Begriffen (z.B. dem er Ästhetik) zuerst die Komponenten einfallen, die meiner Praxis naheliegen (logisch, nachdem sie mir diese Praxis mal irgendwann nahegelegt haben), und Du diejenigen, die Dein Sein ausmachen und bestimmen, wieder ausmachen und wieder bestimmen. Also konkretisiert sich bei so einem Besuch nur, was ohnehin klar ist: »unter uns« gesagt eine Binsenwahrheit. Hat es also Sinn, gegen die Tendenz der 30 Minuten anzuquatschen, vollends bei der Garde im Rücken (das nächste Mal meinetwegen in Deinem, es ist ein kleiner Unterschied), die mir sowieso meine stärksten Argumente buchstäblich vom Mund nimmt? Ich sage natürlich: trotz alledem. Aber, wie siehst Du die Sache? Das zu wissen ist mir wichtig, weil ich natürlich auch auf den leisesten Schimmer eines therapeutischen Verhältnisses einfach nur scheißen könnte.
Das Wichtigste dieses Mal war aber das, was ich gesehen habe, sicher hast Du mitgekriegt, daß Staunen und Freude darüber alles andere so ziemlich verschluckt hat. Mir fällt, weil solche Geheimnisse die besten und empfindlichsten Sachen der Welt sind, als Ausdruck davon bloß der Teppich ein, auf dem einer angeflogen kommt – denn in diesem Fall hast zweifellos Du auf dem Teppich gesessen. Zuletzt schon deshalb, weil Du nach all den Jahren sowieso mehr über mich wußtest als ich über Dich (egal wie giftig die Gerüchte waren oder sind, als Gegenpropaganda sowieso geschenkt). Dazu kam, daß ich ausgehend von dem Bild, das ich zuletzt (in Preungesheim) von Dir hatte, auf einen ganz schön falschen, düsteren Trip jedesmal geraten bin, wenn Du mir einfielst. Diese doppelte Imagination platzte in der Sekunde, in der ich das Zimmer betrat: ein Sieger saß da unmißverständlich – Du

warst mißtrauisch genug, das auch noch ausdrücklich festzustellen, warum? Mir fallen dazu Gründe ein, die ich alle nur Scheiße finden kann. Und mich selbst als den Grund schließe ich aus, so wie ich eben ausschließe, es hätte Dir eine blinde Kuh gegenübergesessen. Also war es einfach etwas, was Du sozusagen für alle Fälle tust – aber wieso Bruder? Versteh' mal, es kränkt mich, insofern die darin enthaltenen Elemente von Angriff/Verteidigung ganz absurd sind an der Stelle, wo ich mich befinde: Schließlich sitzen ich und andere auf unruhigen Ärschen nicht, weil wir jede Art und jede Spur von subjektiver Befreiung haßten oder nicht wahrnähmen, sondern lieben, ja?

Herzlich Gudrun

30.10.72

Lieber Gottfried,
bei dem Teppich hatte ich nicht den Prinz im Sinn (den es als solchen sowieso nicht gibt, sondern wenn schon höchstens als Spiegelbild in den Augen einer Göre, oder, was es auch geben soll, nach 30 oder 40 Jahren im funkelnden Auge einer Alten), sondern er kam mir in den Sinn als geeignetes Mittel, die enormen Hindernisse und scheußlichen Schluchten auszudrücken, die so einer überwunden hat, weiß der Teppich wie.
Mich juckt natürlich das Zitat des alten Pfarrers. Weil es ein vollendetes Beispiel für die Schein-Entdämonisierung ist, sieh' Dir's nochmal genau an: dem Satz vorausgesetzt ist ja der Gegensatz; wer oder was bedingt aber diesen? Das ist die Frage, der die Formulierung, die den Widerspruch als gott- oder geistgewollt setzt, nämlich schon die Spitze abbricht.
Richtig ist aber das Verhältnis als das von Theorie und Praxis zu begreifen: eine Einheit. Und richtig natürlich, daß sie jede Minute erkämpft werden muß, was schon mal ziemlich viel von dem sichtbar macht, was (bzw. wer) bekämpft werden muß. Wovon Dein Brief also spricht. Die Selbstorganisation ist ein Schritt, insofern er sehr schnell eines deutlich macht: alles ist erlaubt, was das Getto verschönert und nichts von dem, was das Getto aufhebt, einreißt. Der erste Schritt ist notwendig, insofern er überhaupt erstmal eine Identität schafft gegen die Verdinglichung, und indem darin, sozusagen unaufhaltsam, der Widerspruch Verdinglichung – Totalität zur Entfaltung drängt, zu dem Punkt also, wo die Interessen eines Schwulen, einer Tante aus dem Erziehungsknast bis hin zum Typen am Band, dem die Bandgeschwindigkeit das Mark aus den Knochen saugt, zur selben Lösung drängen. Theoretisch ist das immer alles schön klar, ich weiß aber auch, daß Praxis (als das definiert, was, ob Spur oder Fitzelchen oder wirklich mal 1 Schritt ist egal, Änderung brachte, im Verhältnis von subjektiv – objektiv liegt und wirkt natürlich dieselbe Dialektik wie im Theorie-Praxis Verhältnis) genau das bringt: die angeblich »phantastische« Erfahrung die-

ser Einheit (von Theorie und Praxis, Kopf und Votze, Reden und Handeln). »Phantastisch« ist schon die Denunziation davon; klar, denn wenn sie möglich ist, bricht 'ne Menge zusammen, diese Ordnung geht flöten, also sagt man tunlichst und auf x Weisen (die sich natürlich ändern mit den Formen der Herrschaft, die sich natürlich auch dauernd ändern): es ist unmöglich. Und wer sagt, es ist möglich, ist ein »Idealist«, »Utopist«, und wer als Subjekt handelnd und zeigt, daß es möglich ist, ist ein »Bandit«, der kommt aus der »Kloake«. Es zu sagen, ist noch innerhalb der bestehenden Ordnung, z.B. das Reservat der Intellektuellen, das Grenzgebiet erreichen diejenigen von ihnen, die nicht bloß den Stift sondern auch schon mal das Mikrofon in die Hand nehmen, da hört die Toleranz auf und beginnt das Terrain der Reformer, der Schattenkämpfer, ausgerüstet wie Don Quichote und wirksam immerhin, insofern sie die Dialektik der Aufklärung transportieren. Damit der Transport aber nicht da endet, wo Millionen krepieren, muß man die revolutionären Kräfte stärken, Subjekt werden und auf jede Weise bleiben. Daß der Objekt-Charakter ihres Lebens den Randgruppen sichtbarer weil erfahrbarer ist, ist logisch so. Die Frage ist, ob diejenigen unter ihnen (also z.B. die »6 Millionen psychisch Kranken« oder die Schwulen), die das privilegierte Bewußtsein von ihrer eigenen Lage und deren Bedingtheit haben, dieses Bewußtsein seines Privilegiencharakters entkleiden und den Klassenstandpunkt dafür einnehmen – das ist die Frage, die Aufgabe. Heißt eben: vom Teil des Problems zum Teil der Lösung zu werden.

Du mußt halt mal sagen, ob Dich sowas langweilt – ich könnte Stunden darüber quatschen, das ist doch klar. –

Die scharfe Trennung zwischen Randgruppen und Proletariat ist eine Banalität (als solche wird sie in der ML-Scheiße (1) ja auch prompt konterrevolutionär wirksam) – wichtiger und viel interessanter ist die Analyse der verschiedenen Kolonisationsformen, also der Kolonisierte der 3. Welt und das kolonisierte Bewußtsein des Arbeiters in den Metropolen. Denn: »es handelt sich nicht darum, was dieser oder jener Proletarier oder selbst das ganze Proletariat als Ziel sich einstweilen vorstellt. Es handelt sich darum, was es ist, und was es diesem Sein gemäß geschichtlich zu tun gezwungen sein wird.« (Aus »Die heilige Familie«) Der gordische Knoten für die revolutionäre Theorie und Praxis in den Metropolen ist mit der Analyse des Imperialismus schon ziemlich gelockert, aber gelöst ist er erst, wenn es uns mal auch gelingt, der Frage des Konsums nicht bloß wie die letzten Moralisten auf den Leib zu rücken, sondern ihn als ein Bedürfnis der Massen zu begreifen, an dem z.B. zu korrigieren ist, daß man so lange, unter solchen Bedingungen dafür schuften muß. (Wenn man uns lange genug einsperrt, sage ich mir, kommen wir auch da noch hinter.)

Gruß G.

(1) Siehe Anmerkung 1 zum Brief vom 5.11.72 an Christiane Ensslin.

5.11.72

Lieber Bruder,
mir fällt natürlich zu Deiner Sprache ein, daß sie (natürlich nicht un-politisch, aber) psychologisch oder psychoanalytisch orientiert ist. Was ich dazu zu sagen habe, ist natürlich dies: (und ich gehe davon aus, daß Du Wilhelm Reich, die ganze »gängige« Literatur zu dem Komplex Marxismus – Psychoanalyse kennst.)

Es ist selbstverständlich
außerordentlich
wichtig
zu klären, wie man so geworden ist, wie man sich findet; wenn man das weiß, fängt das Problem aber erst an (Lukacs hat in dem Aufsatz »Verdinglichung und Bewußtsein des Proletariats« alles Kluge und Nötige zur Begrenztheit der bürgerlichen Wissenschaft gesagt), d.h. es muß oder müßte sich erweisen, ob das Wissen nun Kette bleibt (was sie ihrer Tendenz nach natürlich ist, als abgegrenztes, spezialisiertes Gebiet, das sich selbst nicht in Frage stellen kann) oder zur Waffe wird (wozu sie natürlich bei radikaler Fragestellung wird). Bei der Psychologie ist die immanente Tendenz sozusagen doppelt stark – ich erinnere mich, daß mich die Lektüre von Freud (o.ä) immer erregt hat (also wie z.B. Musils »Mann ohne Eigenschaften« oder viel anderes Zeug, das ich zusammengelesen habe), aber auch ganz finster und reglos machte, das ist ganz klar.

Aber das ist noch nicht alles: denn die psychologischen und psychoanalytischen Funde lasten je nachdem ganz anders, viel schwerer, als irgendwelche anderen Gesetze aus irgendwelchen anderen Wissenschaften – was irre leicht zu resignativen, falschen Schlüssen und Erklärungen verführt auf dem langen Weg revolutionärer Initiativen. Verstehst Du?

Um ein Mißverständnis mal gleich auszuräumen: es geht mir natürlich nicht darum, Erklärungen, die »nicht in den Kram passen« zu denunzieren, wär' ja lächerlich blöde, sondern darum, zu sagen, daß es richtig und möglich ist, mit dem Hauptwiderspruch im Kopf und im Auge die permanent wichtige und notwendige Unterscheidung zu treffen: was ist das Wichtigste, was ist weniger wichtig, was ist unwichtig. Was dann zu Entscheidungen führt, zum »Trennungsstrich« und zu den richtigen Korrekturen, richtiger Selbstkritik, die dann niemandem und nichts nutzbar sein kann außer dem revolutionären Prozeß (wozu mal noch dies: daß »die Revolution« nichts anderes ist als ein Moment des revolutionären Prozesses. Ich sage das, weil ich z.B. dazu ziemlich lange recht verschwommene Vorstellungen hatte, eben keine, nichts Konkretes).

Sei umarmt,
G.

23.11.72

Lieber Gottfried,
Verdinglichung und Totalität – keiner erklärt das so gut wie Marx selbst (Bruder, lies ihn, ziemlich egal was, Band 1 ist schon ein irre gutes Fundament) oder z.B. Lukacs, der Dir mit Deiner »Büldung« ja auch leicht fallen müßte. Kauf' ihn sofort, 9.80, Luchterhand: So wie Du es verstehst (und so schlecht wie ich offensichtlich damit umgegangen bin, also nicht erklärend, sondern setzend), wäre es vielleicht grade noch zulässig, als Spiegelbild am Ende eines dicken satten Gedankengangs oder Wälzers. Aber vor allem ist Verdinglichung das, was die Entfremdung in der arbeitsteiligen, kapitalistischen Gesellschaft tatsächlich als totale Erscheinungs- und Seinsform produziert: den zerstückelten Menschen. Daß das so ist, hat die Jahrzehnte vor Marx enorm beschäftigt, das weißt Du, so sehr, daß selbst die Dichter der Epoche fast alle Philosophen wurden, auf der Suche nach dem »Verlorenen«; Schiller: »nur da ist der Mensch ganz Mensch wo er ...« usw., Du weißt schon. Marx' Methode des dialektischen Materialismus hat aber das Warum zutage gefördert. So daß also aus der Klage um das Verlorene, Abstrakte (und aus den vielen versuchten Wegen z.B. nach »innen«, z.B. in den Mythos, in den Realismus, Rationalismus oder wie immer die Versuche hießen) ein Ziel werden konnte, niemals vor ihm war Geschichte konkret bedingter Prozeß, Genesis – und damit also veränderbar im Sinne eben der Totalität, die »das Reich der Freiheit« meint.
Vor ihm war es allenfalls, im Sinn der Ethik und der Ästhetik, die Kunst, die als »Akt« oder »Aktion« Wirklichkeit als Totalität schuf, aber eben als Spiegel des »Verlorenen« in der klassischen Kunsttheorie, also die Tendenz des ausgesetzten, bestraften Menschen, wobei die »Heilung« nur den wenigen Auserwählten, den »Künstlern« möglich war, und auch für sie nicht als Einheit, die sie suchen, sondern eben als Spiegel des Gegensatzes, des Zerrissenen: Freiheit und Notwendigkeit, Leib und Seele, Subjekt und Objekt usw., wie immer die Begriffe lauteten. D.h. die ganze Philosophie + Kunst plagte

sich mit dem so offensichtlich gegebenen Problem der Irrationalität ab und geleistet haben sie (zuletzt Kant und Hegel) die präzise Rubrizierung und Aufzählung des vorhandenen Widerspruchs in allen seinen Formen. Die Gesetzmäßigkeit ihres eigenen »bedingten« Denkens war aber die unüberwindliche Schranke, an der sich Kant z.B. mit dem »Ding an sich« behalf, und Hegel mit der Dialektik der Sache schon näher kam, aber wie bekannt und benannt: noch auf dem Kopf. Daß und inwiefern die Dialektik dann tatsächlich zum Schlüssel wird, siehe Marx.
Siehmal, wenn Du die paar Grundbegriffe hast, wird die Sache, der Weg, die Methode, zwar nicht sehr viel leichter, aber ich würde sagen, doch erst MÖGLICH. Ich bin ja überhaupt überzeugt davon, daß die Zersplitterung der Linken neben den sowieso klaren Gründen (die Klassenbedingtheit, der Angsthaushalt) in der Mißachtung von Marx begründet ist, d.h. zuviele gehen mit ihm um wie die letzten sogenannten Vulgärmarxisten, denen Marx nur zur besseren und nötigen Zementierung der bestehenden Verhältnisse dient, und natürlich gut dient.
Du hast vollkommen Recht, daß eine marxistische Analyse der Homosexualität sehr nötig ist; wie die aber aussehen soll OHNE gleichzeitig Teil der Klassenanalyse zu sein, das sehe ich nicht. D.h. sie muß es sein, wenn sie das erste, nämlich materialistisch, sein soll. Und nur so ist die darin transportierte Aufklärung nicht Teil der Zementierung, sondern Teil des Widerstands und Organisation von menschlichem Interesse. (Kennst Du eigentlich Jean Genet (1), was er geschrieben hat? Das war mir, als ich noch ziemlich ästhetisierend mich bewegte, mal wichtig.)
Diskussionen in Schulen (2) sind zu diesen Themen natürlich geeignet: weil der Widerspruch ja inzwischen immerhin zum öffentlichen Bewußtsein gehört, die Reform des Paragraphen, die (übrigens) <u>einzige</u> Reform der sogenannten Reformkoalition ist, »in der Tat«, und nicht zuletzt deshalb, weil sie ökonomisch nichts kostet – und weil andererseits die Sache selbst natürlich noch ein heftiges Tabu ist, also die Reaktion auf den Plan ruft. Aber nicht diese ist das Problem,

sondern die Tatsache, daß es als Integration in's Prämiensystem Problem bleibt, und die Lösung nur außerhalb der Integrationsmechanismen liegen kann. Oder anders: die Scheinlösung wäre Homosexualität als konsumierbare Erscheinung der »pluralistischen Gesellschaft« (das ist ja so eine Spezialität der Soziologie des Systems!).
Die taktische Frage also: wie machen »wir« uns produktiv konsumierbar. Das ist, so verstehe ich Dich jedenfalls, Deine/Eure Aufgabe im Moment. (Wie das ja überhaupt die Aufgabe der Linken ist, angesichts des übermächtigen Feindes, dem buchstäblich alles zur Festigung seiner Herrschaft dient – die legitime Sehnsucht des Menschen nach konkreter Freiheit flucks zur Lebensqualität erklärt, die – solange Honeywell + Flick +++ die Instrumente regieren – immer nur mehr Konsum bei gleicher Bewußtlosigkeit bedeuten kann.
Bis zum nächsten Brief.

Sei umarmt
G.

PS: Die von Euch ausgearbeiteten Texte interessieren mich natürlich – schick' mal mit.

(1) Jean Genet siehe Anmerkung 2 zum Brief vom 13.11.1972.

(2) Gleich zu Beginn der Schwulenbewegung fanden sich im Frühjahr 1972, unterstützt von einer engagierten Dozentin, fünf Studenten, darunter Gottfried Ensslin, am Anglistischen Seminar der Universität Frankfurt zu einer Gruppe zusammen, um an Schulen über Homosexualität aufzuklären. Jeder verfaßte Beiträge zu verschiedenen Aspekten des Themas (siehe Anhang), die zusammen dann Diskussionsgrundlage für die Gruppe waren und den Schülern als Einstieg ins Thema dienen sollten. Im Winter 1972/73 fand die Aktion an einer Frankfurter Gesamtschule statt, bei der in mehreren Doppelstunden mit einer 10. Klasse diskutiert wurde. Zu theoriefixiert und pädagogisch zu wenig einfühlsam und anschaulich, bereitete der Gruppe die Vermittlung des Themas große Schwierigkeiten. Das wichtigste Ergebnis war, wie bei der Schwulenbewegung überhaupt, daß sich selbstbewußte Schwule öffentlich sichtbar machten.

4.12.72

Lieber Gottfried,
der Amendtsche Gedanke ist ja so typisch (1), die verfluchte Statthalterei. Ich weiß genau, woher dieses schein-analytische Gequatsche kommt, und: wohin es führt. Der hypothetische, aber auch: gar nicht hypothetische Schwule am Band kann wirklich darauf nur scheißen.

Mir fallen x Geschichten ein, auch zu Amendt aus der Zeit Juli–November 69, aber ich laß' das mal, es geht ja um's Typische: also um die schamlose Tour, die Theorie + Praxis anzulehnen an das, was einem selbst nützt, paßt, bequem ist; darum, daß die linken Bürgerlichen den Marxismus anzapfen wie ein Faß Wein, halb subjektive Befreiungsmythen, halb kritische Theorie, und schon geht's einem selbst besser – oder auch: statt kritische Theorie sich Lenin im Krebsgang genähert und fertig ist die Partei, ohne die's ja nicht geht. Es ist zum Scheißen, aber auch klar, wieso das so ist.

Der Schwule am Band bleibt entweder am Band, ahnt von seinem Schwulsein soviel wie von der Freiheit oder er »wird« schwul, flippt aus, landet auf'm Kiez, hat kein Konto, klar. Was ist da zu machen? Was interessiert den Typ, was kennt er alles? Da hast Du schnell das Verbindende (zwischen Student und Arbeiter, bei Gorz (2) in dem Aufsatz steht was dazu): die Arbeitsteilung – der Hauptwiderspruch. Der Zusammenhang interessiert den Typ gewaltig und via diesem wird er schon auf seine Bedingungen kommen, da kannste Gift drauf nehmen. Siehmal, ich hasse dieses Statthaltertum wie den Klassenfeind, er ist es, trotz aller scheinbar anderen Begriffe, mit denen man ja auch Kautsky (3) oder Stalin oder Negt (4) werden kann, klar.

Der Vorwurf, die »Kritik« an dem Projekt damals 69 (5) war immer dasselbe, ob von ML oder vom SDS: daß wir die Lehrlinge überforderten. Dazu muß man nur mal die 2 dicken Ordner Protokolle lesen, dann sieht man, was davon (an Schwachsinn und allerdings auch Realität, aber welche) übrigbleibt: daß die Revolution überfordert, was kein Wunder sondern Realität ist, solange die Genossen »Verbünde-

ten« ihre Bedingungen von ihrer Bequemlichkeit und ihrem Angsthaushalt vor Konsequenzen abhängig machen.
Egal von welcher spezifischen Frage oder Gruppe Du die Sache untersuchst: du landest logisch und klar bei den allgemeinen Bedingungen. Deren Kern ist die Gewalt. Das ist natürlich der Drudenfuß. Aber entschieden mehr und tiefer für jeden Bürgerlichen als für jeden Proletarier, der von der Gewaltherrschaft (der Fabrik z.B.) mehr Vorstellung, konkretsinnliche Erfahrung hat als unsere Sorte; er weiß nur nicht, WAS ES eigentlich ist. Wenn er das weiß, sind sein nächstes Problem die traditionellen Arbeiterapparate, denn das Problem, das ein Nebenproblem ist, wen er ficken darf also will, das löst er dann mal nebenbei, sei sicher. Denn an der Macht des Überbaus trägt der Intellektuelle entschieden schwerer, das bringt die Arbeitsteilung so mit sich.
Worauf es mir ankommt und ankommen wird, ist: Dir so deutlich wie es mit Worten überhaupt nur geht zu erklären: daß man sich entscheiden muß: entweder einer Kommission anzugehören, die ein Bürgerrecht promotet – oder einer revolutionären Gruppe. Diese Entscheidung ist Teil der Revolutionierung des Subjekts, nichts anderes. (Zwei Herren geht nicht, alter Spruch, aber die Mechanismen, sowas zu unterwandern, sind stark und zahllos. Deshalb bin ich so stur an diesem Punkt.) Die Unterdrückung der Schwulen ist Teil der Strategie + Teil des Chaos' des Kapitals. Im Jahre 1972 also des Imperialismus. Genau das wird eine Schwulenanalyse erbringen, wenn sie Teil einer Klassenanalyse ist, also die Immanenz durchbricht. Das kolonisierte Bewußtsein knacken!
Kennst Du Fanon (6) oder nicht, hab' ich schon mal gefragt, will ich aber mal wissen. Sein Buch (Verdammte dieser Erde) ist ein Schub. Und vielleicht schon Standard, also entschärft und kanalisiert in die Bibliotheken, wie das so ist. Dagegen muß man IMMER was tun. Deshalb.
Und natürlich, weil für jede Randgruppe, weil doppelt unterdrückt, die Sorte Literatur besonders hinhaut.
Siehmal, Bruder, Hauptwiderspruch, Nebenwiderspruch, das ganze Begriffliche, Notwendige macht einen natürlich nicht SATT, aber wie willst Du die Mythen, Tod und Teufel und

den ganzen Pudding denn durchschauen ohne sie? Das geht nicht; also müssen einem die Begriffe schon dienen, DIENEN; sie uns, nicht wir ihnen (die Funktion nehmen sie deshalb so leicht an, weil wir so gründlich zu Schutzbedürftigen gestutzt wurden; und »Systeme« bieten das natürlich; scheinbar.) Was aber das SATT-SEIN angeht, bitte hier ein Satz, der mir teuer ist:
»Indem die Leidenschaft der Freiheit in ihm erwacht, wählt er sich selbst, und kämpft um diesen Besitz als um seine Seligkeit; und das ist seine Seligkeit, weil durch sie jede Möglichkeit, etwas anderes zu werden, vielmehr, sich in etwas anderes umzudichten, ausgeschlossen wird.«(7)
G.

Und noch ein Buch, dann bin ich lange zufrieden: Martin Nicolaus »Die Objektivität des Imperialismus«, Merve Verlag, Berlin

(1) 1972 fand im Anschluß an eine Vorführung des Filmes »Nicht der Homosexuelle ist pervers, sondern die Situation, in der er lebt« von Rosa von Praunheim im Frankfurter Volksbildungsheim eine Diskussion statt, in der grundsätzlich das Für und Wider einer schwulen Selbstorganisation thematisiert wurde. Während Martin Dannecker und die Gruppe Rotzschwul (Rote Zelle Schwul) dafür plädierten, argumentierte Günter Amendt vehement dagegen. Amendt war 1968 führendes Mitglied des Frankfurter SDS und veröffentlichte 1970 das Buch »Sex-Front«, das Furore machte.

(2) André Gorz, geb. 1923 in Wien, publizierte in den 60er Jahren Schriften über das Verhältnis zwischen Intellektuellen und Arbeitern und entwickelte neue vom orthodoxen Marxismus abweichende Ansätze.

(3) Karl Kautsky, 1854-1938, sozialistischer Theoretiker, der sich zuerst gegen reformistische Tendenzen in der SPD wandte, später aber den von Rosa Luxemburg und Karl Liebknecht vertretenen linken Flügel bekämpfte.

(4) Oskar Negt, Jg.1934, Soziologe, stand stellvertretend für eine akademische Linke, deren »Marsch« in den Institutionen endete, und die deshalb besonders stark gegen die RAF polemisierte.

(5) Staffelberg-Kampagne – siehe Lebenslauf unter dem Datum 13.06.1969

(6) Siehe Anmerkung 6 zum Brief vom 17.6.72.

(7) Sören Kierkegaard, »Entweder–Oder«, Erstes Heft.

24.12.72

Bruder,
zu Brief und Manuskript (1) vorweg was zu Deinem letzten Satz, in dem Du hinter Dir + mir zurückbleibst. Du wehrst Dich, »ich bin noch nicht weit«, also mich ab (oder wie oder was, mein Tempo oder so). Aber Du vergißt was. Was sich geändert hat, indem ich was anderes wurde. Ich will, was jeder Revolutionär tut, natürlich schieben. Nicht, weil ich Dich noch für mich will, sondern weil ich Dich schon für Dich will. Nichts anderes bedeutet kämpfen. Wenn du aufhörst Ware zu sein, beginnst du Mensch zu sein. Das Neue bekämpft das Alte. Kann gar nicht anders. Zieht den Trennungsstrich, jede Minute. Ich bin nicht mehr der Feind Deiner Autonomie. Das mußt Du wissen.

Also was denn nun vorneweg. Wodurch unterscheidet sich der dialektische Übergang/Umgang vom nicht dialektischen. Durch den Sprung. Durch den Widerspruch. Durch das Abbrechen der Allmählichkeit. Durch das Durchbrechen der Logik aus Nacheinander, Nebeneinander und Summe unter'm Strich. Durch die Einheit von Sein und Nichtsein. Durch den Materialismus (»nach außen«! weil es von außen kommt) anstelle des Idealismus (der »nach innen« sagt, sagen muß, weil ohne das Absolute, Gott oder Weltgeist, der Karren zusammenbricht).
Wovor also hast Du Angst? Klar, die Wunden (alles, was war), und was sehr Gutes, Mißtrauen gegen jeden Fall/weil Falle von Autorität (aber Carlos Grashof (2) hat in Moabit »Autorität« gesagt, weil er sich mit der Rattentour des Bürgerlichen nicht so gut auskennt wie unsereiner; was er meinte ist klar: Beispielhaftigkeit).
Was glaubst Du, wie mir das Herz hüpft über die Spuren von wachsender Klarheit in Deinem Brief, Deiner Sprache. Die Sache mit der Brutalität. Um nicht »totgeschlagen zu werden«, muß man das Leben bewaffnen. (So einfach ist das ja nicht. Von der Knarre zu sagen, sie sei »das Letzte« dabei, ist NUR innerhalb der Dialektik richtig. Sonst ist es falsch.

Aber darüber kein Wort weiter. Du sollst den Brief ja lesen. Und natürlich frag', wenn Du's nicht verstehst.)
Das Manuskript ist sehr klug, wie das Zeug ja immer ist, zwangsläufig, verständlich als die Notwendigkeit, sich selbst auf die Spur zu kommen, um den Menschen zu finden; die Sprache der Spiegel. Zur Aufhebung des Primitiven-Beweises (3), (der keiner ist) also unter Nr. 5, der Schwulsein reduziert auf eines der vielen Elende, die die Verhältnisse produzieren, fällt mir eine Menge ein. Der Kern davon ist natürlich, daß verteidigt wird mit Hilfe des Vergangenen/Alten statt des Zukünftigen/Neuen. Also keine Verteidigung, sondern Aufgabe, die ganze Scheiße des Revisionismus.
Als Theorie kommt's dann gegen Ende des Dings ganz richtig vor, im Konjunktiv + Postulat; ich weiß dazu noch und noch Praxis und sage ganz klar: homosexuelles Verhalten ist sexuelles Verhalten. Ob 'ne Tante oder Schwanz gilt dem befreiten Bewußtsein des Papiers schon gleich, aber eben zukünftig. Daß es das IST, zeigt sich mit 'ner Praxis, die den Trennungsstrich aus dem Bewußtsein in die Verhältnisse setzt, blop oder Plop, nicht mehr integrabel, konsumabel. Denn sieh mal, was bedeutet das Geschmier z.B. über die »vielen Tanten« in der RAF, »die Lesbischen«? Solche verzweifelten Versuche, die eigene dreckige Logik zu retten, (»wenn es starke Tanten sind, sind es natürlich schwache Typen«) sollen/müssen dazu dienen, den erkämpften Blick auf den schlichten Zusammenhang aus Profit/Gewalt/Macht zu trüben, so gut das eben möglich ist, nachdem wir, eben grade wir, ihn freigeschaufelt, frei-gebrochen, und klar, verbrochen haben.
Ich sage, mit dem 24-Stundenfick der Einheit (dem Ausdruck von ich will, weil mir gehört, wir wollen, weil uns gehört)
gegen die Verhältnisse
ist das Schwulsein als Problem NATÜRLICH gelöst. Das Tabu weg. Frei von, frei zu. Vorher nicht.

Dein Fragezeichen hinter der »hedonistischen Lebensweise« sagt mir 'ne Menge. Hedonismus ist natürlich ein ziemlich blöder Ausdruck, elitär sowieso, aber er meint schon das Richtige: die Weise des Lebens. Aber was Dich dran stört, ich wette, ist der Puritaner in Dir, dem bei der Libertinage die Luft ausgeht – der Idealist. Wobei ich mal sagen will: »der kluge Idealismus ist dem klugen Materialismus näher als dem dummen Idealismus« – ich glaub so Lenin, egal, es erklärt die Genesis von »ausgerechnet Leute wie« a und b zu Radikalen, daran ist nichts mißzuverstehen, sofern man nur will und noch kann (4).

Ich bin sicher: der Mensch fickt den Menschen, das meint ficken; also natürlich mit Schwanz und Votze; also natürlich ist er beides – wozu ihn, sozusagen, die Erkenntnis befähigt. Weshalb (nämlich durch deren Abhängigkeit von außen) der Weg zur Freiheit ja so lang ist. Denn die bürgerliche Erkenntnis (der Primitiven-Beweis, alle Freud'schen Beweise gehören ihr noch an, das Nacheinander) windet sich zwangsläufig vor solchen Einheiten wie der Teufel vor der Messe. MUSS sie, UM JEDEN PREIS; leugnen; verhindern. (und die Soziologie hängt an Dir vielleicht wie Kletten? Wie ist das?)

Also ist klar, man muß es einfach tun. Aber WIE denn – das ist die Frage und Dein Mißmut über das Manuskript (das etliche Nebenwidersprüche in sich unentdeckt transportiert, hast Du aber fast alle selbst angestrichen). Der »Tuntenhaß« ist ein Schlüssel, Bruder. Er ist das immanent Übliche/Normale/Notwendige; das Produkt des Hasses nach innen; Schwarze, Gefangene – am Rand nur besonders deutlich, weil »irgendwie besonders widersinnig«. Ganz richtig. Genau darum geht's: diesem »richtigen« Haß die »richtige« Richtung. So sagt das SPK: »nicht Selbstmord, sondern Mord.« Beliebig zu verlängern, nicht Selbstvernichtung sondern Verteidigung. Nicht der Tod, sondern das Leben.

Beschäftige Dich mit der Funktion der innerstaatlichen Feinderklärung (Juden, Linke, Araber, nicht Arbeiter, sondern »Gastarbeiter«), es ist GENAU DAS. Es funktioniert solange BIS.

Die Praxis des Zusammenhangs. Ohne den, ohne die gibt's nur neue Fragen, keine Antworten, ohne das passiert nichts

Wirkliches, bleiben die Schwulen sozusagen schwul und totgeschlagen. Der Zusammenhang. Der zum Kämpfen zwingt. Das System, das die Formen des Kampfes durch seine umfassende Gewalt bestimmt und aufzwingt. Jede Menge Spiel-Raum, nur kein Ernst. So ist es bestimmt und so ist/bzw. wird es Gesetz, §175 angeschafft und abgeschafft, jenachdem.
Untersuch', wieso diese Gesellschaft auf EIN Tabu angewiesen ist (wie der Teufel auf's Weihwasser, fällt mir alles ein, weil's hier singt und klingt, jede Note ein Krater, obwohl sie es nicht wissen, natürlich nicht), das erste und letzte (denk' an Kain, der erste Fighter): die Gewalt, ganz klar, der Ast.
Untersuch', welche Tabuisierungen mit diesem Tabu zusammenhängen. Wird der Tod so tabuisiert, weil das Leben so schön ist? Nein. Weil es so Scheiße ist. Deshalb.
Deshalb ist der revolutionäre Kampf der Kampf um's Leben. Gegen den Tod. Als ich das Buch damals so nannte (5), war das ein ziemlich perfekter Ausdruck meines Idealismus. Mich störte zwar der Widersinn der Forderung, aber was 'ne richt'ge Literaturstudentin ist, läßt sich nicht stören, sondern erst recht »schick« oder so, Klimbim und Plemblem.
Es ist aber der Ausdruck des Materialismus, der Widersinn ist der Widerspruch, der Tod die Gestalt des Lebens in diesen Verhältnissen.
Man muß
auch die Schwulen müssen
den 24-Stundentag auf den Begriff HASS bringen.
Das muß man. Sonst bleibt jede noch so nötige Analyse eine Seminararbeit. Im Getto. Wo es erlaubt ist.

Umarmt, Bruder
G.

Soll ich das Manuskript zurückschicken?

Du hast den schimmligen Brief deshalb bekommen, weil der Rechtsanwalt und ich 'ne Beschwerde gemacht haben und dann der Beschlagnahmebeschluß aufgehoben wurde (6). Die

Registrierung ist sicher erheblich älter als die Briefe. Dazu genügte 2 Jahre lang Dein Name. Fanon muß wieder raus aus der Versenkung, ihn in einem Atem mit Nirumand und Marcuse nennen können, zeigt das irre deutlich!
Die ältere Generation der Schwulen (nicht zufällig relativ viele Anti-Faschisten drunter) – Du beschreibst sie sehr gut. Artisten (7), äußerst sympathische Typen, ganz klar.
Versteh' mal: es gibt überhaupt nichts, NICHTS, das Du nicht mit 'ner Schwulen-Analyse in Verbindung bringen mußt.

(1) Manuskript siehe Anhang.

(2) RAF-Mitglied Manfred Grashof, der im Prozeß gegen Horst Mahler, Ingrid Schubert u.a. als Zeuge aussagte.

(3) Bezieht sich auf Freuds Annahme einer angeborenen Bisexualität des Menschen: »Der Psychoanalyse erscheint vielmehr die Unabhängigkeit der Objektwahl vom Geschlecht des Objekts, die gleich freie Verfügung über männliche und weibliche Objekte, wie sie im Kindesalter, in primitiven Zuständen und frühhistorischen Zeiten zu beobachten ist, als das Ursprüngliche, aus dem sich durch Einschränkung nach der einen oder anderen Seite der normale wie der Inversionstypus entwickelt.« Aus: »Drei Abhandlungen zur Sexualtheorie«.

(4) Möglicherweise ist der Sinn: es erklärt, warum ganz bestimmte Leute sich von »klugen Idealisten« zu Radikalen entwickeln, sofern sie es wollen und noch können.

(5) Gudrun spielt auf das von ihr und Bernward Vesper 1964 herausgegegebene Buch »Gegen den Tod – Stimmen deutscher Schriftsteller gegen die Atombombe« an.

(6) Siehe Anhang.

(7) Gemeint sind wohl »artists« (engl.) = Künstler.

24.2.73 – mit Maschine geschrieben

Ja, ist wirklich kompliziert. Worin besteht der unterschied zwischen revolutionärem umgang mit der dialektik in der geschichte und revisionistischem/bürgerlichem umgang mit der dialektik in der geschichte. (ob der primitiven-beweis auch nur innerhalb der bloßen geschichtlichkeit stimmt, will ich mal vernachlässigen, ist aber zu bezweifeln, nicht nur mit freuds »drei abhandlungen«, in denen zum ausdruck kommt, dass ein Bürger, der den bürgerlichen idealistischen Humanismus ernst nimmt, natürlich genau darauf kommt, dass diesem Humanismus jede Menge Wirklichkeit fehlt. und bei der ursachenforschung kommt er natürlich auf die geschichtlichkeit, da hört für ihn die Welt dann auf. Da fängts aber erst an. Um das zu sehen hätte freud materialist werden müssen, jedenfalls ist die ursprüngliche Einheit/Freiheit in der wahl, und folgende Eindimensionalität/ob homo oder hetero ist in ihr gleich, doch sicher die tiefere richtigere Geschichtlichkeit als dieses Missionsbeispiel.)
Aber das laß ich mal weg, nehm das beispiel wies im papier steht, als beispiel für geschichtlichkeit. Ich habe gesagt, so wies da steht ist es schon Revisionismus, und obwohl ich sicher ganz schön geschludert habe – es stimmt. so wies da steht nützt es dem Revisionismus.
Wieso. Die Geschichtlichkeit von irgendwem, irgendwas, allen erscheinungen in der gesellschaft zu zeigen, zu sagen: bitte, so und so ist es geworden, was wollt ihr eigentlich, könnt nur die schnauze halten, ist vollkommen richtig und nötig sowieso. ein schritt. Worauf du also in deinem brief bestehst, gut.
Aber dann, darin wirds ja erst interessant. »Einen schritt« gibts mal genau betrachtet gar nicht (obwohl mans oft sagt und, als formel, kürzel, natürlich manchmal das richtige gemeint ist, revolutionäres moment). Um einen schritt zu machen/gemacht zu haben muß die richtung, also das ziel gewußt sein. Und auch das ist erst die hälfte der geschichte, klar, nur die dialektik zeigt die richtung/das ziel und sie ist keine gerade linie, sondern sozusagen permanente interaktion: d.h. z.b. nur indem sie innerhalb des einen schritts wirk-

sam ist, zeigt sie die richtung. Es ist kompliziert, eines in allem, alles in einem.

1 schritt gibts also. aber ich sage: genau im sinn der revolutionären dialektik gibt es ihn eigentlich nicht, insofern er seine eigene Entgrenzung ist/produziert. Was in ihr dazu kommt ist, dass die Mechanik des bürgerlichen Schritt-begriffs ersetzt wird durch Aktion, besser interaktion.

Mechanik, das ist genau was einem passiert, wenn man sich auf die bloße geschichtlichkeit verläßt. (ob du das weißt: in den debatten, schon klassischen debatten zwischen solchen sozialisten und solchen sozialisten, ist »mechanisch« natürlich der vorwurf, der jeder jedem macht. aber er bedeutet eben auch wirklich was. ist ziemlich identisch mit dem was sartre im spiegel-gespräch mit »deterministisch« meint. beide meinen jedenfalls, dass die dialektik in der geschichte nicht automatisch das objekt der geschichte zum subjekt/Revolutionär macht, klar.) Passiert dir auch prompt, pass auf. Du sagst »historisches subjekt« und »dialektischer kampf gegen die bestehenden kategorien«, stimmt, schön abstrakt. So abstrakt, kann man sagen, stimmts immer noch und immer schon. Jedenfalls stimmts. Und dann, wo's um die (heiße) spur konkretion geht/gehen müßte, fällst du auf die schnauze ohne es zu wollen natürlich: » ... halte ich bisexualität für richtig und brauchbar« – wie ein historiker, mein lieber, scheiße, die Krankheit des Intellektuellen, als gäbe es ein subjekt außerhalb des subjekts, das über ein bedürfnis quatschen kann/befinden kann, statt als subjekt zu reden, er selbst, es selbst, an sich, für sich. Das ist der schritt, von dem ich sage: erst er ist ein schritt.

Ich finde die bisexualität selbstverständlich. Selbstverständlich ist sie Befreiung/Aktion/ Möglichkeit – genau in der von Dir gesehenen und natürlich auch gemeinten revolutionären dialektik: aus dem system heraus /bedingt, und eben aus diesem Wesen heraus gegen das system/unbedingt.

Die interaktion darin ist: das system hört auf, du selbst beginnst, nicht mehr das system bestimmt die richtung, sondern du selbst subjekt bestimmst/wirst.

Bloße geschichtlichkeit ist sozusagen das klügste, einsichtigste, was bürgerliche wissenschaft produzieren kann. Ist aber auch buchstäblich der allerluftigste platz, den man sich denken kann, der (unmögliche) neutrale standpunkt im luftleeren raum/und so taucht er in dem papier auf. Deshalb habe ich es an diesem punkt angegriffen. Will sagen: dass man sich schon in den fragen und schon in den antworten immer schon entscheidet, dass es infolgedessen darauf ankommt, eine neutralität, die es nicht gibt, nicht erst verneinen zu lassen, sondern diese radikal selbst zu verneinen. das ist der unterschied.

Dass die Bürger zu dieser erst mit dem wissenschaftlichen Sozialismus/Marx dazukommenden weil darinsteckenden interaktion »Monomanie«, »engstirnig«, »eingleisig« sagen – ist wirklich nur witzig. »Meinetwegen«, kann ich da nur sagen! Freiheit eine Monomanie – wahrhaftig, meinetwegen!

In der Frage, was sie also so fett macht, steckt nur, die in allen und allem steckte, die nach dem revolutionären Subjekt. Die ganzen letzten Jahre, Neue Linke (raf natürlich eingeschlossen, allerdings an der spitze, das werden und müssen wir noch viel klarer sagen/machen müssen als bisher) kommen doch daher, dass das revolutionäre Subjekt, so wie es 100 und 50 Jahre lang ausreichend (das ist es natürlich immer nie, aber lass mal) definiert war, nicht mehr ausreichend ist. Und laufen dahin, die definition, »sich selbst« zu finden.

Was deshalb so schwierig ist, weil natürlich alles, einfach alles, Sprache, Gefühle von der imperialen macht zugedeckt gestohlen kolonisiert ist. Ist. Also was und wie zu machen, wie zur dekolonisation kommen, woher die begriffe/aktionen nehmen, um das, was den imperialen sch... mit allen mitteln noch immer nochmal gelungen ist zuzuscharren, Bewußtsein dahin zu schaffen, wos hingehört weils da herkommt: der wirklichkeit von ausbeutung/verdinglichung/entfremdung/unfreiheit. Von der die ... nur so lange profitieren wie bewußtsein nicht als eigentum begriffen ist. Als eigentumsfrage dann ne strategische antwort/bestimmung des revolutionären subjekts gibt.

Und dazu ist eben noch alles zu sagen. Die ideologische re-

volution ist ne materielle angelegenheit. Die Berührungsangst der Linken ist eben Teil des Systems, und sich selbst zu einem Teil der Verhältnisse erklären ist erst der halbe Marxismus, der deteminierende, draußenbleibende, gar keiner. Sie haben so lange Angst »Freiheit«, »Befreiung« auf die Tagesordnung hier zu setzen, wie sie selbst noch gefangene des systems im system, des »imperialismus nach innen« (SPK! RAF!) sind. »Imperialismus nach innen« – kurz gesagt: von der Spaltung des Ich zur Spaltung der Klasse
ist die funktionsweise imperialer macht in den metropolen; ihre machtbasis ist die verdinglichung/folge und voraussetzung der kapitalistischen produktionsweise (trennung von etc., weißt du alles).
Also wie entsteht das revolutionäre Subjekt?
Vom Ich zum Kollektiv/Solidarität, zur Klasse. Usw. Wie in dem Papier mit dem ihr in die schulen wollt ganz richtig entfaltet, oder jedenfalls angelegt zur Entfaltung.
Man muß das ja mal sehen: die »randgruppen« mal genau gezählt sind die Mehrheit, z.B. die Frauen dazugezählt. In den verhältnissen des voll entfalteten imperialismus verkörpern sie den hauptwiderspruch. Weil ihre identität doppelt unmöglich, weil ihr subjekt doppelt verdinglicht, zertrümmert ist, drängt sich ihnen die alternative »verrecken oder leben« deutlicher auf als der »arbeiteraristokratie« (aber nie vergessen, daß ihre einheit, ihr gemeinsames interesse gegeben ist: in ihrem gemeinsamen konsumentenstatus nämlich, der eine neurose ist/die werte der gesellschaft: Ware und Markt, Müll und Müllhaufen, der mensch das internationale zahlungsmittel.
Also das interesse ist identisch. Verfolg mal was in den Zeitungen und Kommentaren über »Mißmut, unbehagen, krankheit« an den arbeitsplätzen der wohlstandsgesellschaften auftaucht (in der fabrik nicht mehr 3% krank, sondern 15% machen blau, feiern »krank«, wanns ihnen paßt).
In diesem Sinn Adornos »homosexualisierung der gesellschaft«. Überhaupt sage ich: der stoff zur militanz steckt in euerm papier schon drin – klein, aber wesentlich in der Anmerkung S.11. (1)

Überhaupt gefällt mir euer Papier. Sicher, erst der befreite spricht von der Unterdrückung/befreiung nicht mehr in der sprache der unterdrückung – und stickig ist es hier und da dann doch noch. Aber von seite zu seite weniger, von seite zu seite, plüsch mal unendlich, dreck, müll, der wirklichkeit näher, das ist der prozeß, darin der prozeß – das alles stimmt an dem ding, viel glaubhafter als das erste, dessen gesicht so erborgt erscheint, weil es ne identität nur abstrakt herstellt, defensiv bleibt. In eurem ist stück wut zu sehen
aber natürlich auch große menge Wortbalsam, was wie du sagst sicher nicht bloße didaktik ist (dass euer ding ziemlich didaktisch gebaut ist, ist gut, ganz klar)
Weils das Wichtige ist, noch ein beispiel für den trickigen charakter der dialektik/ vielmehr: den charakter derjenigen, die mit ihr umgehen. wobeis jetzt also klar ist, dass es darauf ankommt, sich einzuschalten, aktiv mit ihr umzugehen.
in einer raf-kritik (durch den »hochschulkampf«, etwa im sommer 71) wurde folgendes marx-zitat gegen uns (!) verwendet: »Während wir den Arbeitern sagen: ihr habt 15, 20, 50 jahre Bürgerkriege und Völkerkriege durchzumachen, nicht nur um die verhältnisse zu ändern, sondern um euch selbst zu ändern, um euch zur politischen herrschaft zu befähigen, sagt ihr im gegenteil: wir müssen gleich zur herrschaft gelangen, oder wir können uns schlafen legen.« (unterstrichen habe ich, klar wieso)
Ist schön schlau, z.B. weil wirs natürlich damit haben den genossen klarzumachen, dass sie schlafen. Nur, alles was wir je gesagt zu dem was wir tun, läuft eben drauf raus, dass vielleicht niemand so sehr wie wir uns den weg so lang so konkret solang vorstellen.
Die genossen halbieren marx, ziehen aus dem widerspruch/der dialektik die lunte raus. Statt, was eingestandnermaßen (allmählich eingestandnermaßen) so nötig wäre, Marx zu vertiefen, zu erweitern und so aus der tradition raus zur definition/praxis/theorie zu gelangen/ revolutionäres subjekt erst mal sein – das ist ganzer marx, statt halber.
(»15« konnte marx noch denken/hinschreiben! unvorstellbar –)

Verstehst du wieso und worin ich den direkten zusammenhang zwischen der revisionistischen Tendenz im Gebrauch des »primitiven-beispiels« und der revisionistischen Tendenz im Gebrauch des Marx-Zitats sehe?
Und dass selbstverständlich der direkte Zusammenhang zum »Abbruch der Allmählichkeit« herzustellen das wichtigste ist?
Der Weg, in die schulen, auf die Straßen.
Die Methode, und so einfach wie möglich in ihr die dialektik: niemanden laufen lassen und sich nicht aufhalten lassen. Das ists, das wärs.
Sieh mal zu, ob du nicht ne Stunde kriegst, wie Gollwitzer (2), wäre mal jedenfalls sehr nützlich, zu allen fragen, denke ich schon.

G.

Bruder, was heißt schon verrecken oder leben,
es heißt: faschismus oder revolutionäre Volksmiliz, das ist die alternative.
Clara Zetkin, schon 1923 erst der Satz: wenn der faschismus militärisch siegt (»schweigende mehrheit« der neue faschismus/die geschichtlichkeit als solche ist eben eine fessel, verhindert, dass man sich vorstellt, führt dazu, dass man imperialismus/faschismus bloß in schwarzer uniform und B 52 (3) denkt) – hat er immer schon ideologisch und politisch gesiegt, die Klasse über die Klasse. Verantwortlich dafür sind seit spätestens August 1914 die Revisionisten, die marx bloß absahnen für die bourgeoisie/imperiale Klasse. ihre heimtücke von brennender aktualität, seit 1965 spätestens.
Und nochmal, nie genug: im Schon das Erst und im Erst das Schon – ist revolutionäre dialektik.

(1) »Mit dieser Ich-Schwäche weicht der Homosexuelle in keiner Weise von dem für die spätkapitalistische Gesellschaft bezeichnenden Kollektivtypus ab. Auch dieser wird durch den Schwund väterlicher Autorität am Aufbau eines starken Ichs gehindert, was ihn zu dem infantilisierten und leicht manipulierbaren Wesen macht, das eine an maximaler Kapitalverwertung und

rascher Profitrealisierung orientiertes Wirtschaftssystem braucht. Ein schwaches Ich läßt Anweisungen des Über-Ich viel ungehemmter in das Es eindringen und die Triebstruktur beeinflussen, und da diese Anweisungen kollektiver Natur sind, also in immer geringerem Maße durch Individuen (z.B. Eltern) vermittelt sind, streifen auch die Triebstrukturen zunehmend ihre individuellen Züge ab und entwickeln sich auf einen gesellschaftlichen Gesamttypus hin. In dieser Hinsicht ist auch Adornos Wort von der Homosexualisierung der Gesellschaft zu verstehen« (aus dem Thesenpapier »Beiträge zum Thema Homosexualität«, s. Anhang).

(2) Helmut Gollwitzer, 1908–1993, evangelischer Theologe und Schriftsteller. Während der NS-Zeit war er Mitglied der »Bekennenden Kirche«. Er engagierte sich für die Studentenrevolte, protestierte gegen den Vietnamkrieg und das Wettrüsten. Er war befreundet mit Rudi Dutschke und Ulrike Meinhof.

(3) Siehe Anmerkung 1 zum Brief vom 20.12.72.

28.2.73

Fällt mir eben ein: hast geburtstag!
Wie gut, dass du geboren wurdest!
(auf den tisch wenns nicht schon da liegt: SPK-buch /trikont-verlag (1)
zu direktem Zusammenhang mit eurem papier)

(1) Das SPK-Buch: Im Trikont-Verlag München erschien 1972: »SPK – Aus der Krankheit eine Waffe machen« – Eine Agitationsschrift des Sozialistischen Patientenkollektivs an der Universität Heidelberg mit einem Vorwort von Jean-Paul Sartre.

Fotos von Gudrun, Christiane und Gottfried Ensslin 1948 bis 1977

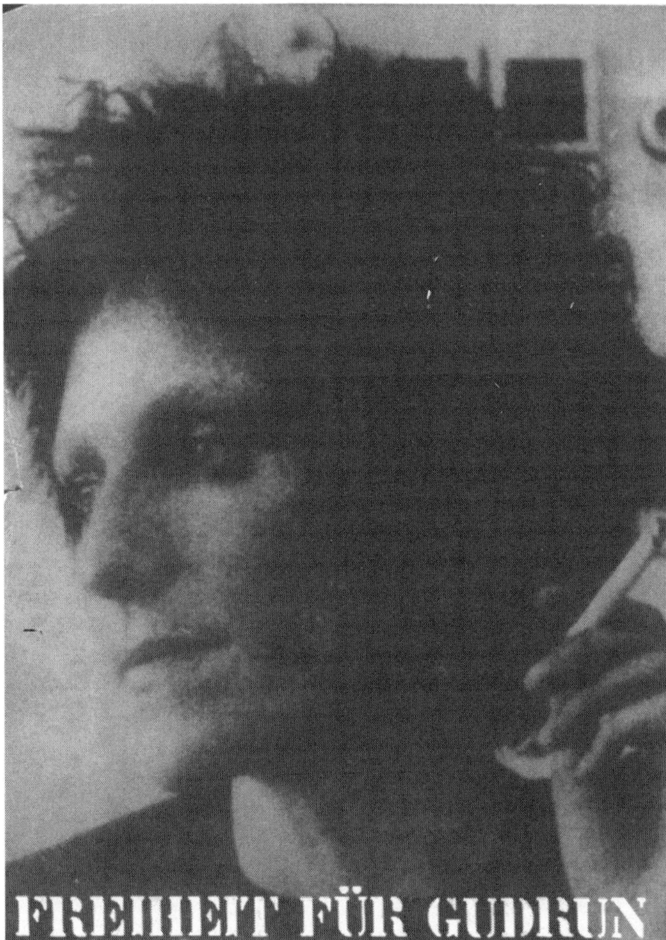

Christiane Ensslin 1948

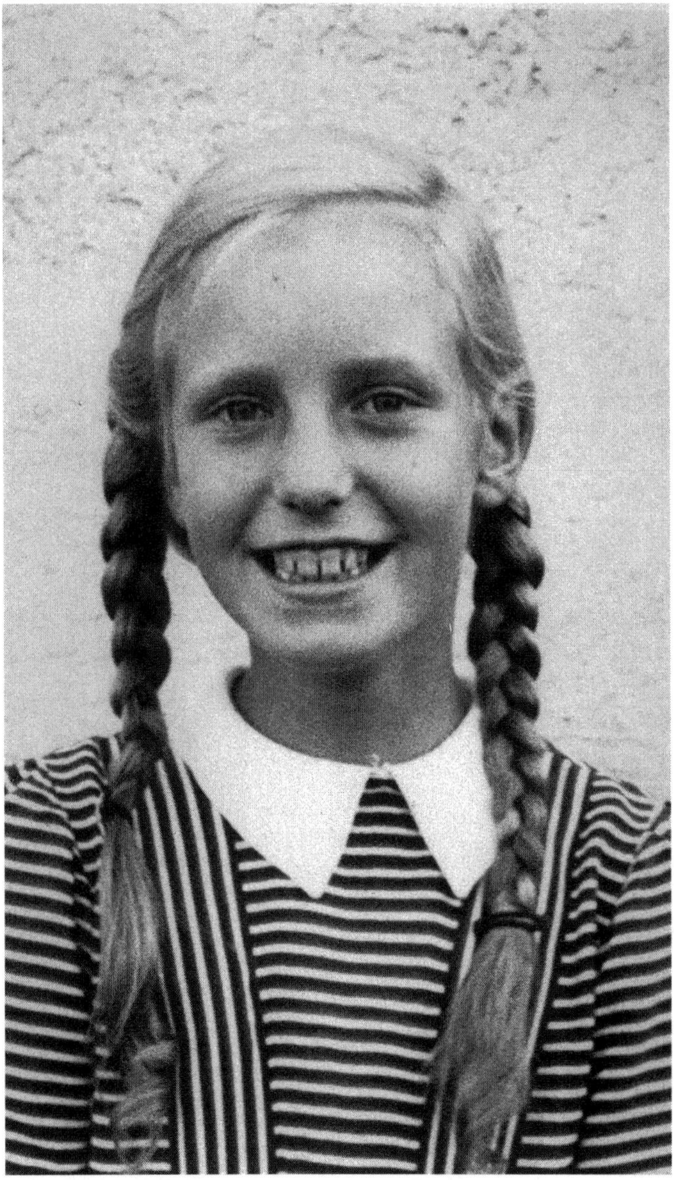

Gudrun Ensslin 1948

Christiane Ensslin, Konfirmation März 1954

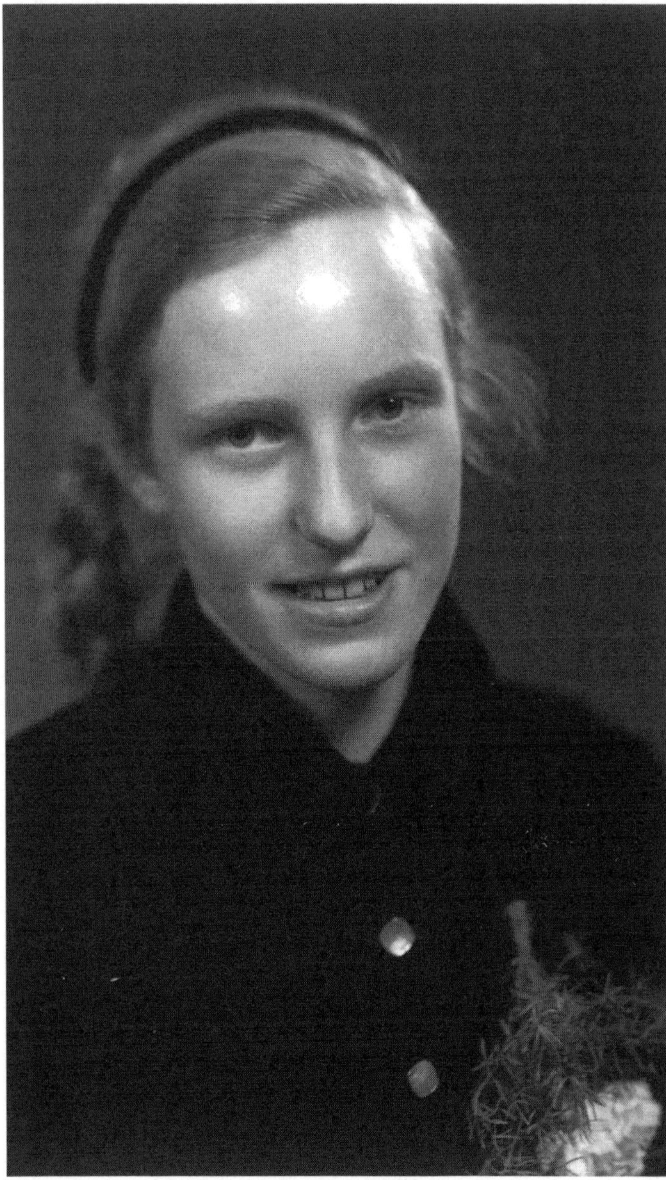

Gudrun Ensslin, Konfirmation März 1954

Christiane und Gudrun Ensslin 1959 auf dem Stuttgarter Hauptbahnhof, aufgenommen von dem ehemaligen Mitschüler Wolf-Dieter Forster im März 1960

Gottfried Ensslin, Sommer 1967

Gottfried Ensslin, Sommer 1969

Gottfried Ensslin als Student am St. John's College, Cambridge 1969

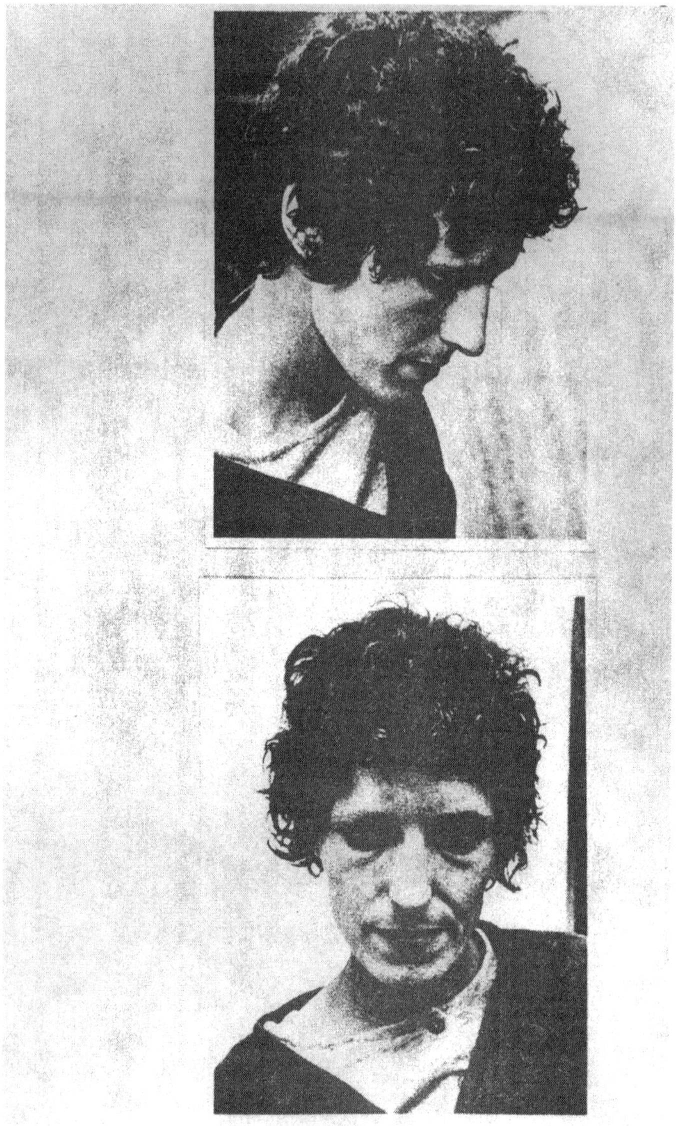

Gudrun Ensslin nach ihrer Festnahme am 07.06.1972 im Polizeihochhaus in Hamburg, aufgenommen von der Polizei

Gudrun Ensslin beim Hofgang in der Justizvollzugsanstalt Essen, ohne ihr Wissen aufgenommen von einem unbekannten Polizei-Fotografen 1972 oder 1973

Gudrun Ensslin im Gefängnis Stuttgart-Stammheim, aufgenommen von ihren Mitgefangenen mit einer eingeschmuggelten Minox-Kamera, Sommer 1977

Gudrun Ensslin mit Andreas Baader (oben) und Jan-Carl-Raspe (unten) auf dem Dach des Gefängnisses Stuttgart-Stammheim, wo sie ihre Freistunden verbringen mußten

Anhang

Beschluß des BGH vom 12.06.1972 zur Haft

Der Ermittlungsrichter des Bundesgerichtshofes 1 BJs 6/7 II BGs 107/72	75 Kalrsruhe, den 12. Juni 1972 Herrenstraße 45 a

B e s c h l u ß
In dem Ermittlungsverfahren
gegen

1.) Andreas B a a d e r, geboren am 06. Mai 1943 in München, zur Zeit in Strafhaft in der Justizvollzugsanstalt Düsseldorf,
2.) Gudrun E n s s l i n , geboren am 15. August 1940 in Bartholomae, zur Zeit in Strafhaft in der Justizvollzugsanstalt Essen,
3.) Holger M e i n s, geboren am 26. Oktober 1941 in Hamburg, zur Zeit in der Untersuchungshaft in der Justizvollzugsanstalt Bochum,
4.) Jan-Carl R a s p e, geboren am 24. Juli 1944 in Seefeld/Öste, zur Zeit in Untersuchungshaft in der Justizvollzugsanstalt Köln

wegen
Verdachts der Mitgliedschaft in einer kriminellen Vereinigung u.a.

wird auf Antrag des Generalstaastanwalts beim Bundesgerichtshof angeordnet:

I. Die Beschuldigten dürfen nur Besuche ihrer Angehörigen empfangen.

II. Der Postverkehr der Beschuldigten (ein- und ausgehende Post) wird auf den Verkehr mit Angehörigen und amtlichen Stellen beschränkt.

III. Die Beschuldigten dürfen Zeitungen und Zeitschriften nur durch Vermittlung der Haftanstalt beziehen.

G r ü n d e:

Die Beschuldigten sind maßgebliche Mitglieder einer kriminellen Vereinigung militanter Extremisten, die sich die gewaltsame Beseitigung der in der Bundesrepublik bestehenden Gesellschaftsordnung zum Ziel gesetzt hat. Nach dem Ergebnis der bisher durchgeführten Ermittlungen sind die Mitglieder dieser Vereinigung entschlossen, ihre inhaftierten Gesinnungsgenossen mit allen ihnen zu Gebote stehenden Mitteln, auch unter Einsatz von Schußwaffen, zu befreien. Es ist deshalb zu befürchten, daß die noch in Freiheit befindlichen Mitglieder der kriminellen Vereinigung und deren Gesinnungsgenossen die Befreiung der Beschuldigten versuchen werden.
Nach den bisher gemachten Erfahrungen handelt es sich bei Besuchern inhaftierter Mitglieder der kriminellen Vereinigung neben Verwandten ausschließlich um Gesinnungsgenossen. Es besteht daher die Gefahr, daß solche Besuche zur Übermittlung von Befreiungsplänen oder zur Aushändigung von Ausbruchwerkzeugen mißbraucht werden. Diese Gefahr kann auch durch Überwachung der Besuche nicht völlig ausgeräumt werden. Deshalb ist es erforderlich, den Besuchsverkehr auf die Angehörigen der Beschuldigten zu beschränken.
Gleiches gilt für den Briefverkehr. Nach den bisher gemachten Erfahrungen beschränkt sich die Korrespondenz der inhaftierten Mitglieder der kriminellen Vereinigung im wesentlichen auf die Pflege von Kontakten zu Mitbeschuldigten und Gesinnungsfreunden. Trotz Kontrolle des Briefverkehrs kann nicht ausgeschlossen werden, daß dabei verschlüsselte Mitteilungen über Befreiungspläne und den Ermittlungsstand gemacht werden.
Auch die Übersendung von Druckerzeugnissen kann zu solchen Zwecken mißbraucht werden. Bei diesen ist die Übermittlung verschlüsselter Nachrichten durch Unterstreichen oder sonstige Kenntlichmachung bestimmter Buchstaben besonders leicht möglich.

Gemäß § 119 Abs. 3 StPO mußten deshalb die oben angegebenen Beschränkungen angeordnet werden.
Von dieser Anordnung wird der Besuchs- und Briefverkehr mit den Verteidigern nicht berührt. Soweit für die in Strafhaft befindlichen Beschuldigten aufgrund der für die Strafhaft erlassenen besonderen Bestimmungen weitergehende Beschränkungen bestehen, werden diese von der Anordnung ebenfalls nicht betroffen.

Dr. Knoblich
Bundesrichter

Gegen diesen Beschluß legt Rechtsanwalt Groenewold am 30.06.1972 Beschwerde ein, in der es u.a. heißt:
»Bei der Entscheidung hat das Gericht sich überhaupt nicht mit dem fundamentalen Prinzip der Verfassungs-und Gesetzesordnung auseinandergesetzt, die zu schützen seine Aufgabe ist. Das Recht auf Informations- und Meinungsfreiheit ist ein so fundamentales Grundrecht, daß es nur in wenigen Ausnahmefällen eingeschränkt werden darf. Beseitigt werden darf es nie. Was der Ermittlungsrichter angeordnet hat, ist praktisch deren Beseitigung. Er kann sich nicht darauf zurückziehen, die Beschuldigten könnten Besuche und Briefe ihrer Angehörigen empfangen. Aufgrund unterschiedlicher Einschätzung ist bei den meisten Beschuldigten der Verkehr mit Verwandten so gut wie ausgeschlossen. Er ersetzt außerdem nicht den schriftlichen oder mündlichen Verkehr mit Gesprächspartnern, die sich die Beschuldigten selbst ausgewählt haben. Das weiß der Ermittlungsrichter auch.«
Der Generalbundesanwalt beim Bundesgerichtshof, Dr. Bell, beantragt beim Ermittlungsrichter am 08.07.1972, der Beschwerde »nicht abzuhelfen und sie dem 3. Strafsenat des Bundesgerichtshofes zur Entscheidung vorzulegen, bei dem ich beantrage, sie zu verwerfen«.

Beschwerde von Gudrun Ensslin gegen die Beschlagnahme der Briefe an Christiane Ensslin vom 17. Juni, 15. und 17. Juli 1972

BJs 6/71

15.8.1972
Gudrun Ensslin

Beschwerde

BGH Ermittlungsrichter Dr. Knoblich, 75 Karlsruhe. Herrenstr. 45a

Ich erhebe hiermit Beschwerde gegen Ihren Beschluß vom 4. August 1972. Ihre Begründung verstößt gegen das Grundgesetz, das die freie Meinung und deren Äußerung garantiert, in meinem Fall jedenfalls gegenüber Angehörigen.

Christiane Ensslin, der Empfänger der beschlagnahmten Briefe, ist eine »Angehörige«. In dem Beschluß, der Briefverkehr auf Angehörige reduziert, steht kein Wort darüber, daß ich an Angehörige nur über Zahnpasta, Wollsocken oder Vormundschaftsangelegenheiten reden kann. Alle übrigen Themen aber – das ist zu Ihrer Kategorie »diffamierend« zu sagen – implizieren eo ipso, daß ich mit ihnen gemäß meiner Überzeugung umgehe und ihnen gemäß meiner Überzeugung Ausdruck verleihe. Ihre Begründung beruft sich also auf etwas, das gar nicht anders sein kann, ein sogenannter Zirkelschluß. Sie impliziert außerdem eine unzulässige, jedenfalls im Sinne des Rechtsstaats unzulässige Bevormundung meiner Schwester, der Sie mit dem Wortlaut des Beschlusses

1.) das Recht absprechen, sich über meine Überzeugung zu informieren und
2.) die Fähigkeit absprechen, selbst zu beurteilen, was sie von meiner Überzeugung halten möchte.

Daß meine Überzeugung schließlich beim Thema Justiz mich zu anderen Ergebnissen führt als etwa Sie selbst, ist ja eine Prämisse der Situation, die Sie zum Ermittlungsrichter in der Sache und mich zur Beschuldigten macht und kann niemals dazu ausreichen, mir die Äußerung meiner Gedanken meiner Schwester gegenüber in Form von Beschlagnahmebeschlüssen wie dem vorliegenden zu verbieten bzw. unmöglich zu machen.

Darüberhinaus ist der Wortlaut des Beschlusses äußerst dazu geeignet, jeden Brief, der über rein materielle Dinge hinausgeht, nach Willkür zu beschlagnahmen und dadurch beispielsweise Bücherbestellungen, die diese 2 beschlagnahmten Briefe zumindest wohl in einem Fall enthielten, zu verhindern, denn ich kann nach 4 Wochen nicht mehr wissen, welche Bücher ich in welchem Brief bestellte.

Gudrun Ensslin

Dem vorausgegangen und nachgeordnet war folgendes:
Der Ermittlungsrichter beim Bundesgerichtshof, Dr. Knoblich, schickt den Brief vom 17.06.1972 am 21. Juni an den Generalbundesanwalt beim Bundesgerichtshof, Dr. Bell, mit Bitte um Stellungnahme, die Bell am 4. Juli 1972 folgendermaßen formuliert: »Anliegende Postsendung übersende ich mit dem Antrag, sie zu beanstanden und von der Weiterbeförderung auszuschließen ... Die Beschuldigte bemüht sich, ihre Schwester mit ausreichendem Informationsmaterial und die Tätigkeit der RAF zu versehen und sie an Gesinnungsfreunde in Berlin zum Zweck des Ausbaus der für die inhaftierten Mitglieder der Baader-Meinhof-Gruppe geschaffenen Hilfsorganisationen zu vermitteln. Wie die Beispiele des noch gesuchten Bandenmitgliedes Ingeborg Barz und ihres Freundes Grundmann zeigen, sind aus diesem Kreis auch Mittäter der Beschuldigten hervorgegangen.
Das Bemühen der Beschuldigten Ensslin um ihre Schwester kann daher deren Eingliederung in die Reihe der noch in Freiheit verbliebenen Mitglieder der RAF und eine Fortsetzung ihrer kriminellen Tätigkeit bedeuten, die nicht hingenommen werden kann.«
Am 06.07.1972 ergeht der Beschluß des Ermittlungsrichters: » ... auf Antrag des Generalbundesanwaltes beim Bundesgerichtshof (wird) der Brief der Beschuldigten an Fräulein Christiane Ensslin ... vom 17. Juni 1972 beanstandet und von der Weiterbeförderung ausgeschlossen ...
Die Beschuldigte versucht in dem Brief, die Adressatin – ihre Schwester – für eine Mitarbeit in der RAF zu gewinnen und verweist sie zu diesem

Zweck an ihre Gesinnungsfreunde in Berlin, deren Adresse sie von ihren – der Beschuldigten – Anwälten erfahren kann.
Aus dem Kreis der RAF sind das noch in Freiheit befindliche Mitglied der Baader-Meinhof-Gruppe, Ingeborg Barz und deren Freund Grundmann hervorgegangen.
Es besteht daher der dringende Verdacht, daß die Beschuldigte ihre Schwester veranlassen will, sich in die Reihe der noch nicht festgenommenen Mitglieder der Gruppe einzugliedern und an deren möglicher künftiger krimineller Tätigkeit teilzunehmen. Eine solche Handlungsweise der Beschuldigten ist mit dem Zweck der Untersuchungshaft nicht vereinbar.«
Gegen diesen Beschluß legt RA Kurt Groenewold am 21. Juli 1972 Widerspruch ein. In ihm heißt es u.a.: » ... Stünde in dem Brief, daß Gudrun Ensslin ihre Schwester an ihre Verteidiger verwiesen habe, um sie für eine Mitarbeit in der RAF zu gewinnen, so würden wir sofort das Mandat in der Sache niederlegen ... Schon der jetzige Zustand, daß der Brief- und Besuchsverkehr auf Familienangehörige beschränkt wird, ist unerträglich und ein Verstoß gegen die Europäische Menschenrechtskonvention ...«
Im Laufe des Juli schickt Dr. Knoblich weitere Briefe an Dr. Bell und er beantragt für alle, sie zu beanstanden und von der Beförderung auszuschließen.
Am 21. Juli 1972 heißt es: » ... Sie versucht, ihre Schwester für ihre politische Tätigkeit zu interessieren, sie mit ihrer Ideologie und der daraus erwachsenen kriminellen Tätigkeit vertraut zu machen. Außerdem ist sie bestrebt, diese zur aktiven Unterstützung der inhaftierten der Baader-Meinhof-Bande zu veranlassen und sie deshalb an eine Rote Hilfe Organisation zu vermitteln ...
Derartige Bestrebungen, welche die Empfängerin des Briefes der Gefahr aussetzen, in den Kreis der Baader-Meinhof-Bande einbezogen und in deren Straftaten verstrickt zu werden, sind mit dem Zweck der Untersuchungshaft nicht vereinbar ...«
Und am 27. Juli 1972 schreibt Dr. Bell über zwei Briefe (auch über den bereits beschlagnahmten vom 17. Juni 1972): » ... Die Beschuldigte setzt ihre Versuche zur ideologischen Beeinflussung ihrer Schwester, die bereits in den vorangegangenen Schreiben erkennbar waren, fort. Sie versucht insbesondere, die Richtigkeit ihrer politischen Überzeugung und Aktivität mit den nach ihrer Meinung in der Haft besonders zutage tretenden Mängel unseres Gesellschaftssystems zu begründen. Durch die damit verbundenen Angriffe auf die mit den gegen sie gerichteten Ermittlungsverfahren befaßten Justizbehörden, die in der Schilderung angeblich unmenschlicher Haftbedingung (stinkende Zelle) zur physischen und psychischen Zerstörung der Beschuldigten und der Unterstellung von bewußten Mißdeutungen bei der Briefkontrolle zur rechtswidrigen Unterbindung von Kontakten zur Außenwelt bestehen, setzt sie – wenn auch nur propagandistisch – die Tätigkeit fort, derentwegen sie in Haft gehalten wird.«
Dr. Knoblichs Beschlüsse vom 28. Juli und vom 4. August 1972 fallen entsprechend aus.
Gegen alle drei Beschlüsse legt RA Groenewold am 21.08.1972 Beschwerde ein und beantragt, alle drei beschlagnahmten Briefe vom 17. Juni und vom 15. und 17. Juli 1972 »zu getreuen Händen herzureichen« und »über diese Beschwerde und den Widerspruch vom 21. Juli nach Rückgabe der Schreiben und Eingang unserer Stellungnahme zu entscheiden ...«

In der Begründung vom 21. August 1972 weist Groenewold darauf hin, daß »sowohl der Beschluß vom 6. Juli 1972 als auch der Beschluß vom 28. Juli 1972 das Schreiben von Gudrun Ensslin an Christiane Ensslin vom 17. Juni 1972 (betreffen). Einer der beiden Beschlüsse muß aufgehoben werden, weil ein und derselbe Brief nicht zweimal beschlagnahmt werden kann.«
Wieder schickt Dr. Knoblich die Beschwerde an Dr. Bell, der am 30. August 1972 beantragt, »der Beschwerde nicht abzuhelfen«. Der ganze Vorgang geht am 4. September 1972 an den 3. Strafsenat des Bundesgerichtshofes.
Am 5. September erläßt Dr. Knoblich folgenden Beschluß: Der Beschluß vom 28. Juli wird aufgehoben, da der Brief vom 17. Juni 1972 bereits mit Beschluß vom 6. Juli 1972 beanstandet und von der Beförderung ausgeschlossen wurde. Den Beschwerden gegen die Beschlüsse vom 6. Juli und vom 4. August 1972 wird nicht abgeholfen.
Alle beschlagnahmten Briefe werden zusammen mit diesem Beschluß Kurt Greonewold zugeschickt und vermerkt, daß er eine Frist von zwei Wochen habe, um die angekündigte weitere Beschwerdebegründung einzureichen. Danach werden die Vorgänge dem 3. Strafsenat des Bundesgerichtshofes zugeleitet und die Verwerfung der Beschwerde beantragt.
Am 2. Oktober schreibt RA Kurt Groenewald an den 3. Strafsenat beim Bundesgerichtshof seine Beschwerdebegründung, in der es u.a. heißt: »Uns sind keine richterlichen oder auch nur staatsanwaltlichen Feststellungen bekannt, aus denen sich die Unterstützung der »Roten Hilfe« zugunsten einer verbrecherischen Vereinigung ergeben ... Eine solche Hilfsorganisation dadurch ihrer Möglichkeiten zu berauben, daß ihre Hilfe für Gefangene gleichgesetzt wird mit Hilfsleistungen für Personen, denen in Freiheit die Mitgliedschaft in der RAF vorgeworfen wird, ist durch nicht den geringsten Anhaltspunkt erweisbar. Es gibt keinen Anhaltspunkt dafür und weder der Generalbundesanwalt noch Ermittlungsrichter Dr. Knoblich können einen Anhaltspunkt dafür nennen, daß die Rote Hilfe als Organisation oder Büro etwas mit der Beschuldigten oder anderen mutmaßlichen RAF-Mitgliedern zu tun hatte und diese unterstützte, als sie in Freiheit waren ...
Es ist klar, daß die Rote Hilfe über die Tätigkeit der Justiz einen anderen Eindruck hat als die Mitglieder der Justiz selbst. Es ist nicht Aufgabe des Ermittlungsrichters, die Schwester der Beschuldigten vor solchen Eindrücken zu schützen. Das widerspricht dem Grundgesetz und der Ideologie des mündigen Staatsbürgers ...
Nichts anderes gilt für die mit Beschluß vom 4. August 1972 festgehaltenen Briefe vom 15. und 17. Juli 1972. Es ist nicht Aufgabe des Haftrichters, als Zensor Justizbeamte vor Beleidigungen oder nur diffamierenden Äußerungen zu schützen ...
In dem Brief vom 15.07.1972 beschreibt und erklärt Gudrun Ensslin ihrer Schwester die gegen sie verhängte Isolation ... wir verstehen nicht, warum Berichte darüber die Öffentlichkeit oder in diesem Fall nur die Schwester nicht erreichen dürfen ... Es darf daran erinnert werden, daß die Beschuldigte auf ärztliche Anordnung aus der feuchten Kellerzelle verlegt worden ist. Warum soll sie das nicht ihrer Schwester mitteilen?...
Nichts anderes gilt auch für das Schreiben vom 17.07.1972. Darin steht zunächst, daß die Justizbehörden den ersten Brief an die Schwester beschlagnahmt hätten. Das nach außen mitzuteilen, kann sicher nicht verboten sein... Wenn solche Briefe wie der vom 17.07.1972 beschlagnahmt werden, so kann das aus § 119 Abs. 3 StPO nicht mehr begründet werden und nicht

einmal erklärt werden. Nicht einmal anhaltsweise könnte diese Vorschrift das Anhalten decken. Die von Gudrun Ensslin dargestellte Zielsetzung, auf diese Weise die Isolierung noch zu verstärken, erscheint sehr viel mehr möglich.«

Das Ganze endet schließlich mit einem Beschluß des 3. Strafsenats des Bundesgerichtshofes am 9. November 1972: Die Beschwerde wird verworfen. In der Begründung heißt es u.a.: »In den bezeichneten Briefen bringt die Beschwerdeführerin zum Ausdruck, die mit der Verfolgung der Straftaten, deren auch sie verdächtig ist, befaßten Justizorgane erstrebten die ›Ausrottung‹ der Organisation ›Rote Hilfe‹ (Brief vom 17. Juni 1972), sie bedienten sich der von Stalin und von der SS gegenüber politischen Gegnern geübten rechtsstaatswidrigen Methoden (Brief vom 17. Juli 1972), sie sowie die für den Vollzug ihrer Haft verantwortlichen Strafvollzugsorgane übten auf bestimmte Weise Terror und psychische Folter mit dem Ziel aus, Gefangene zum Zusammenbruch zu treiben und zu belastenden Aussagen zu erpressen (Brief vom 15. Juli 1972).

Den damit näher umschriebenen Beamten und Richtern werden also ... in strafbarer Weise schwerwiegende, zumindest teilweise als Verbrechen mit Strafe bedrohte Handlungen vorgeworfen. Die mit dem Herausschicken von Briefen solchen Inhalts verbundene Begehung von Straftaten erheblichen Gewichts in der Vollzugsanstalt verletzt die Ordnung in ihr ...«

Die Briefe kamen zur Habe von Gudrun Ensslin und zwei davon erreichten Christiane Ensslin schließlich 1981. Der Brief vom 17. Juli 1972 ist bis heute verschollen.

Antrag von Gudrun Ensslin auf ein Tonband

BGH – Ermittlungsrichter Dr. Knoblich

Ensslin 25.07.1972

Betr.: Az 1B Js 6/71

Sehr geehrter Herr Dr. Knoblich,

ich beantrage hiermit, daß beim Besuch von Angehörigen hier in der Anstalt, beispielsweise also meiner Schwester Christiane Ensslin, ein Tonband mitläuft.
Nachdem ich wahrgenommen habe, daß mir von den Besuch überwachenden Sicherheitsbeamten Sätze in den Mund gelegt werden, die ich nie gesagt habe, die ich angeblich bei Besuchen gemacht haben soll, ist dieser Antrag von direktem Interesse für mich als Beschuldigte.

Gudrun Ensslin

Dr. Knoblich leitet diesen Antrag am 27.07.1972 »zur Stellungnahme« an den Generalbundesanwalt beim Bundesgerichtshof weiter.
Bundesanwalt Dr. Bell antwortet am 31.07.1972 an Dr. Knoblich: »Anliegenden Vorgang sende ich nach Kenntnisnahme zurück. Ich habe keine Bedenken, entsprechend dem Antrag der Beschuldigten Ensslin den mit der Überwachung der Besuche bei der Beschuldigten befaßten Beamten der Sicherungsgruppe des Bundeskriminalamtes die Aufnahme der dabei geführten Gespräche auf Tonband zu gestatten.« – handschriftlich ist vermerkt, daß der Antrag an das Bundeskriminalamt Sicherungsgruppe (SOKO) zu senden sei.
Dr. Knoblich schickt den Antrag am 03.08.1973 an die SOKO mit Bitte um Stellungnahme.
Für die SOKO antwortet am 07.08.1972 Kriminaloberkommissar Mondry (KOK), der zu den überwachenden Beamten gehörte: »Die Behauptungen der Ensslin in ihrem Antrag vom 25.07.1972, ihr würden von den den Besuch überwachenden Sicherheitsbeamten Sätze ›in den Mund gelegt‹ werden, die sie nie gesagt habe, treffen keineswegs zu ... Herr Direktor Solbach, Leiter der JVA Essen, bestätigte am 07.08.1972, daß Gudrun Ensslin bisher lediglich an den bereits erwähnten 2 Tagen von Christiane Ensslin besucht worden ist. Er lehne es ab, daß bei Gefangenenbesuchen die Gespräche auf Tonband aufgenommen werden.«
Tags darauf schließt sich Dr. Knoblich der Meinung des Gefängnisdirektors an und verbietet Tonbandaufnahmen.

Beschwerde von Gudrun Ensslin gegen einen BGH-Beschluß vom 18. August 1972

Gudrun Ensslin
01.09.1972

Beschwerde

An den BG
75 Karlsruhe
Postfach 1661

Ich erhebe hiermit Beschwerde gegen Ihren Beschluß vom 18. August 1972, II – BGS 296/72.
Ihre Argumentation entbehrt des rechtlichen Aspekts, insofern ich Sie bitten muß, den Nachweis anhand der Brieftexte zu führen, daß was ich über das Hoppe-Urteil sage, »entstellend« bzw. »beleidigend« sei, denn beleidigend kann es nur sein, wenn es entstellend, also Lüge ist. Die in dem Brief an C. Ensslin enthaltenen Zitate des Staatsanwalts Stegmann sind nachweisbar. Zu dem Tonbandantrag gibt es immerhin die Tatsache, daß in etlichen Tageszeitungen und im Spiegel ich »zitiert« werde mit einem Satz, den ich angeblich beim ersten Besuch meiner Schwester gesagt haben soll, den ich aber nie gesagt habe.
Schließlich zu dem Begriff »Wurm«: er ist eine in der Literatur seit Shakespeare bekannte Metapher, die beispielsweise das Nagende, aber Unsichtbare bedeutet. In diesem Fall ist er zulässig, weil der Empfänger eines Briefes, der zensiert wird, den Zensor nicht sieht, seine Existenz aber beim Lesen des Briefes »mitliest«, d.h. empfindet. Es handelt sich nicht um die Charakteristik Ihrer Person, nur das könnte, und auch nur, wenn Sie sich als Zensor wichtiger einstufen als den Empfänger, als »beleidigend« gelten.
Im übrigen stellt die Beschlagnahme von Briefen durch Sie mit den ideologischen Begründungen de facto eine permanente Praejudifikation dar. Nichts hindert Sie in meinen

Briefen zu ermitteln und anzuklagen wegen meiner Gesinnung, die tatsächlich den Grund meiner Gefangenschaft ausmacht, und die sich rechtlich im Sinne der Anklage als mögliche »Mitgliedschaft einer kriminellen Vereinigung usw...« darstellt. Als Gefangene und Beschuldigte darf ich immerhin noch Briefe an Angehörige schreiben, deren Inhalt Ihr Beschluß vom 12. Juni weder bestimmt noch einschränkt. Entweder Sie holen das nach und präzisieren diesen Beschluß in Bezug auf die Ihnen genehme, zulässige Thematik. Oder Sie heben die Beschlagnahmungen auf, denn die Logik gebietet: solange ich Briefe schreibe, steht in Ihnen zwangsweise meine Meinung, und nicht beispielsweise Ihre.
Ich wiederhole das Argument aus meiner vorhergehenden Beschwerde gegen Briefbeschlagnahmungen: sie verletzen das Grundgesetz, das mir erlaubt, meine Meinung zu schreiben und zwar über jeden Gegenstand und jede Person; und das den Empfängern der Briefe garantiert, sich über diese Meinung zu informieren.
Ich bitte, die Briefe vom 17. Juni, 15. Juli, 17. Juli meinem Rechtsanwalt Groenewold, 2 Hamburg 19, Osterstr. 120, zur Einsicht zu überlassen, damit ich alle möglichen Rechtsmittel in der Angelegenheit erfahren und gegebenenfalls erheben kann.

Gudrun Ensslin

Dieser Beschwerde war vorausgegangen, daß zwei Briefe von Gudrun Ensslin – einer vom 28. Juli 1972 an Christiane Ensslin und einer vom 7. August 1972 an Gottfried Ensslin von Dr. Knoblich beanstandet und von der Beförderung ausgeschlossen wurden. Dr. Knoblich folgt wiederum dem Antrag von Dr. Bell und formuliert am 18. August den Beschluß, daß die beiden Briefe beschlagnahmt werden und zur Habe der Gefangenen zu nehmen seien. In der Begründung heißt es u.a. dazu: »Die Briefe enthalten entstellende und beleidigende Äußerungen über die Justiz und die mit den Ermittlungen befaßten Polizeibehörden.«
Nach einigem Hin und Her endet es diesmal überraschend: Der Bundesgerichtshof beschließt am 17.11.1972, der Beschwerde von Gudrun Ensslin stattzugeben und den Beschluß des Ermittlungsrichters vom 18. August aufzuheben. Als Begründung wird angegeben: »Die beiden Briefe enthalten keine Äußerungen, die als mit Strafe bedrohte Handlungen von solchem Ge-

wicht zu werten wären, daß durch deren Begehung in der Vollzugsanstalt die Ordnung in ihr als gestört angesehen werden müßte.«

Am 24. August 1972 faßt Dr. Knoblich wieder einen Beschluß zur Beschlagnahme eines Briefes von Gudrun Ensslin an Christiane Ensslin vom 10. August 1972, der deshalb erst 1981 die Adressatin erreicht. Dr. Knoblich begründet seinen Beschluß folgendermaßen: »Die Beschuldigte ist in dem Brief – unter anderem mit entstellenden Berichten über die Verhältnisse in der Haftanstalt – bestrebt, die Tätigkeit der »Stadtguerillas« und damit die von der verbrecherischen Vereinigung, zu deren Rädelsführerin sie nach dem Ermittlungsergebnis gehört, verübten schweren Straftaten zu rechtfertigen und die Adressatin, ihre Schwester, für die Gedankengänge, die zu diesen Straftaten geführt haben, empfänglich zu machen ... Der Brief ist zur Habe der Gefangenen zu nehmen.«

Antrag von Gudrun Ensslin auf Herausgabe von Kleidungsstücken

BGH 13.11.1972
Ermittlungsrichter Dr. Knoblich

Ich beantrage, daß folgende im Juni beschlagnahmten Kleidungsstücke hier in die JVA Essen zu den Effekten kommen:
1 Pullover
1 lange Hose
1 Paar Schuhe
1 Paar Kniestrümpfe
Armbanduhr und blaue Brille
(Es handelt sich um die Kleidungsstücke, die ich bei der Verhaftung trug.)

Begründung:
1.) Ich nehme an, daß <u>inzwischen</u> Gutachten und Untersuchungen aller Art an den Bekleidungsstücken beendet und fertiggestellt sind.
2.) Die Kleidungsstücke verschwinden ja nicht, sondern bleiben in der Hand der Justiz.
3.) Zeigt es sich, daß es teuer, langwierig ist, passende Schuhe und Hose herbeizuschaffen.

Kann der Antrag bitte sofort bearbeitet werden? (Dann könnte ich meine Schwester noch benachrichtigen.)

Gudrun Ensslin

Dr. Knoblich leitet auch diesen Antrag an den Bundesgerichtshof weiter, dieser wiederum an die SOKO. Diese erhebt am 29.11.1972 »von hier aus Bedenken, da sie (die Kleidungsstücke, C.E.) für Identifizierungszwecke im Rahmen des Ermittlungsverfahrens gegen die BAADER/MEINHOF-Bande benötigt werden.« Das wiederum gibt der Bundesgerichtshof als Antrag an den Ermittlungsrichter Dr. Knoblich weiter, der am 13.12.1972 einen entsprechenden Beschluß verkündet.

Titel und Inhaltsangabe der ersten Publikation der bundesweiten Komitees gegen Isolationshaft, Oktober 1973

Inhaltsverzeichnis

Seite

Kontaktadressen der Komitees

Berlin: Marion Spellig, 1 Berlin 45, Adolf-Martens-Str. 2a
Frankfurt: Jürgen Roth, 6 Frankfurt, Hermannstr. 8
Hamburg: Susanne Mordhorst, 2 Hamburg 13, Bornstr. 2
Heidelberg: Jörg Burchardt, Polit. Buchladen, 69 Heidelberg, Marstallhof 11a
Kassel: Roland Rapp, 35 Kassel, Emmerichstr. 17a
Köln: Dr. Peter Stankowski, 5 Köln 91, Ostmerheimer Str. 459
Marburg: Cecco Kohaupt, 355 Marburg, Haspelstr. 10a
München: Christian Enzensberger, 8 München, Schraudolfstr. 24
Münster: Prof. Dr. Christian Sigrist, 44 Münster i. W., Institut für Soziologie, Klosterstr. 48
Stuttgart: Wendelin Niedlich, 7 Stuttgart, Buchhandlung Schmalestr.
Tübingen: Rainer Mühlich, 74 Tübingen, Neckarhalde 7

Auszüge aus dem Thesenpapier »Beiträge zum Thema Homosexualität«, mit dem eine Projektgruppe Frankfurter Studenten im Winter 1972/73 an einer Schule über Homosexualität diskutierte

Politische Perspektiven

Welche gesellschaftlichen Perspektiven ergeben sich für Theorie und Praxis der Homosexuellenbefreiung?

Die bisherige Praxis beschränkte sich mangels weiterreichender Theoriebildungen auf Hilfestellungen bei der Eingliederung der Homosexuellen in die Gesellschaft. Dazu gehören aufklärerische Beiträge in den Informationsmedien, eine Verbreiterung des subkulturellen Freiraums und der Ausbau der Rechts- und Behandlungshilfe. Sie operierte oft mit der Geschichte des braven Bürgers von unbescholtenem Ruf, den die Gesellschaft doch nicht wirklich wegen eines einzigen »Makels« in seinem Privatleben verurteilen dürfe. Diese Praxis kapitulierte also von vorneherein vor den gängigen Sexualnormen und begriff die Homosexualität nicht als Herausforderung an diese Normen, sich selbst zu legitimieren.

Der beschränkte Erfolg dieser Praxis erfordert eine Neubestimmung, eine umfassendere und kritischere Theorie, die das Problem der Homosexualität zugleich als das der bestehenden Sexualität überhaupt versteht. Das heißt, die Homosexualität kann nicht mehr nach einem Proporzsystem unter »ferner liefen« als exotische Sex-Variante abgehandelt werden, sondern durch sie ist die etablierte Heterosexualität selbst angegriffen. Ähnlich wie die Neue Linke ihre Analyse der westlichen Gesellschaft aus der Lage der unterdrückten Dritten Welt gewann, kann der repressive Charakter des bestehenden heterosexuellen Systems gerade an der Asozialität der Homosexualität aufgezeigt werden. Im einzelnen heißt das:

a) Kritik der Bindung von Sexualität an Fortpflanzungsfunktionen (Homosexuelle sind »Menetekel zweckentfremdeter Sexualität«, Adorno)
b) Kritik der Exklusivität von Ehe und Familie

c) Kritik des Sexismus, der Identifizierung von Geschlecht und Rolle, die angeblich angeboren ist
d) Kritik der Heterosexualität als bloßer Teilsexualität. Als Verarmung einer umfassenderen bisexuellen Veranlagung (»... die Bindungen libidinöser Gefühle an Personen des gleichen Geschlechts spielen als Faktoren im normalen Seelenleben keine geringere, und als Motoren der Erkrankung eine größere Rolle als die, welche dem entgegengesetzten Geschlecht gelten«, Freud, Drei Abhandlungen, S. 22)

Daraus folgt, daß von der Homosexualität her bei der heterosexuellen Mehrheit ein verstärktes Bewußtsein ihres eigenen psychischen Elends geweckt wird. Es muß also eine gemeinsame Front von Homo- und Heterosexuellen hergestellt werden, die die bestehende Form der Sexualität mit ihrer Ausschließlichkeit der Objektwahl als den menschlicher Bedürfnisse nicht angemessen erkennt und auf ihre Abschaffung drängt.

Die jüngsten Liberalisierungen, die sogenannte Sex-Welle und die Hippie-Bewegung haben zwar die Diskussion über Sexualität in Gang gebracht, jedoch keine tiefgreifenden Änderungen bewirkt. Die Homosexuellenbefreiung muß auf langfristige Sicht also mit der sexuellen Befreiung zusammenfallen und auf eine von Rollenzwängen und Herrschaft befreite Sexualität hinwirken. Da diese Sexualität jedoch mit den anderen sozialen und wirtschaftlichen Faktoren der Gesellschaft verflochten ist, muß dieser Kampf sich als Teil eines umfassenderen revolutionären Konzepts verstehen.

Für die kürzerfristige Strategie gilt zunächst einmal, daß die Homosexuellenbefreiung vor allem in Deutschland ganz am Anfang steht. Es muß also erst darum gehen, das Scheitern der Anpassung an die Gesellschaft zu konstatieren. Diese Anpassung schützt nicht vor dem psychischen Druck eines Doppellebens, des ständigen Versteckspiels und des schlechten Gewissens. Im Gegenteil, je weiter der Homosexuelle sich an die gesellschaftlichen Normen anpaßt, desto mehr verstärkt sich dieser psychische Druck. Um aus diesem ewigen Kreislauf von Angst, Selbsthaß und Selbstmitleid heraus-

zufinden, gibt es für ihn keinen anderen Weg, als seine Homosexualität offen anzuzeigen und sich mit anderen Homosexuellen zu solidarisieren. Nur dies kann der erste Schritt sein, von der fortschreitenden Beschädigung seines Selbstgefühls, von seiner ständigen Erniedrigung durch die Gesellschaft und von seinen Aggressionen gegen sich selbst wegzukommen. Das Mitleid und »Verständnis«, das die Gesellschaft ihm möglicherweise entgegenbringt, muß abgelehnt werden, da es zumeist nur deklamatorische Bedeutung hat und nur die Widersprüche der bestehenden Sexualnormen verschleiert. Tolerierung des Außenseiters ist nicht genug. Wenn die Homosexuellen dann zunehmend sich in Gruppen konstituieren und in die Öffentlichkeit gehen, wäre damit neben der Frauenbefreiungsbewegung eine weitere Front gegen die etablierte Sexualität aufgebaut, die die Widersprüche von Scheintoleranz und Realität verschärft. Das Risiko der Lächerlichkeit wird bewußt eingegangen, da das Gekicher des Spießers seit jeher Zeichen seines verstümmelten Sexuallebens war. Das heißt aber nicht, daß der Homosexuelle sich damit in Isolation begibt. Im Gegenteil, er vertauscht die scheinbare Zugehörigkeit zur Gesellschaft, die in Wirklichkeit seine Isolation war, mit der Solidarität in den Gruppen.
Aktivitäten dieser Gruppen können miteinschließen:

a) Konfrontation der Öffentlichkeit mit homosexuellem Verhalten
b) Kampf gegen eine Wissenschaft, die versucht, Homosexuelle durch Schockbehandlung und andere Foltermethoden zwangsweise heterosexuell gleichzuschalten
c) Aufklärungsaktionen wie z.B. an einer Schule
d) Kampf gegen jede Form öffentlicher und privater Diskriminierung

Diese Aktionen sollen jedoch nicht darauf hinzielen, die Homosexualität als die befreite Form von Sexualität schlechthin darzustellen. Es muß vorläufig darum gehen, mit der selbstbewußten Gleichstellung homosexuellen Verhaltens das starre patriarchalische System zu lockern und aufzubrechen. In der Gesamtperspektive sind diese Aktionen eine erste Etappe auf dem langen Marsch zu einer herrschaftsfreien Sexualität.

Gudrun Ensslin: Biographische Daten im zeitgeschichtlichen Zusammenhang

15.08.1940	Geburt in Bartholomä (Kreis Schwäbisch Gmünd) als viertes von sieben Kindern
1948	Umzug der Familie nach Tuttlingen, dort Grundschule und Gymnasium
1958/1959	Ein Jahr als Austauschschülerin des ICYE (International Christian Youth Exchange) in den USA/Pennsylvania. Zwischenzeitlich ist die Familie nach Stuttgart-Bad Cannstatt umgezogen. Besuch des Königin-Katharinen-Stifts in Stuttgart.
März 1960	Abitur
Sommer 1960–Frühjahr 1963	Studium der Germanistik und Anglistik an der Universität Tübingen
1962	Lernt Bernward Vesper kennen
April 1963	Studium an der Pädagogischen Hochschule in Schwäbisch Gmünd
1962/1963	Herausgabe des Gedichtbandes »Letzte Ernte« und des Erzählbandes »Geschichten von Liebe, Traum und Tod« als Beginn einer von Bernward Vesper geplanten Gesamtausgabe der Werke seines Vaters Will Vesper, der im Dritten Reich ein prominenter Blut-und-Boden-Dichter war. In Zusammenarbeit mit Gudrun Ensslin werden die beiden schwerverkäuflichen Titel vertrieben und auch in rechtsradikalen Zeitungen beworben.
1964	Zusammen mit Bernward Vesper Gründung des »Studios Neue Literatur«. Herausgabe des Bandes »Gegen den Tod – Stimmen deutscher Schriftsteller gegen die Atombombe« und »Gedichte« von Gerardo Diego

Februar 1964	Bewerbung bei der Studienstiftung des deutschen Volkes für ein Promotionsstipendium
März 1964	Erste Dienstprüfung für das Lehramt an Volksschulen
Herbst 1964	Umzug nach Berlin
März 1965	Verlobung mit Bernward Vesper
Mai 1965	Mitarbeit von Gudrun Ensslin und Bernward Vesper im »Wahlkontor Deutsche Schriftsteller« für die Kandidatur Willy Brandts
13.05.1967	Geburt des gemeinsamen Sohnes Felix Robert Ensslin
27.05.1967	Schah Reza Pahlewi und seine Frau Farah Diba treffen zu einem Staatsbesuch in der Bundesrepublik ein. In dem kurz zuvor erschienenen Buch »Persien – Modell eines Entwicklungslandes oder die Diktatur der Freien Welt« lieferte Bahman Nirumand am konkreten Beispiel Persien eine exemplarische Analyse der Dritten Welt. Das war der Informationshintergrund für 400 Studenten, die gegen den Schah bereits bei seiner Ankunft in Bonn protestierten.
02.06.1967	Während der Schah, der inzwischen in Berlin eingetroffen ist, eine Opernaufführung besucht, wird im Verlauf einer Demonstration vor der Deutschen Oper der Student Benno Ohnesorg von dem Polizeibeamten Karl-Heinz Kurras erschossen. Danach kommt es in vielen Universitätsstädten zu großen Protestdemonstrationen. Im November wird Kurras vom Berliner Landgericht vom Vorwurf der fahrlässigen Tötung freigesprochen.
10.06.1967	Gudrun Ensslin beteiligt sich an einem Buchstabenballett gegen Berlins Regierenden Bürgermeister Heinrich Albertz: Auf

T-Shirts waren vorne und hinten Buchstaben gemalt, die abwechselnd das Wort »Albertz« und »abtreten« ergaben.

07.08.1967 Beteiligung an einer Demonstration am Europacenter mit Flugblattaktion. Anzeige wegen Hausfriedensbruch und Verleumdung.

Januar 1968 Gudrun Ensslin zieht aus der gemeinsamen Wohnung mit Bernward Vesper aus.

31.01.1968 Beginn der Tet-Offensive des Vietcong in Südvietnam. Während der folgenden Monate kommt es zu immer größeren Demonstrationen gegen den Vietnam-Krieg.

02./03.04.1968 In Frankfurt/Main explodieren Brandsätze in den beiden Kaufhäusern Schneider und Kaufhof.

04.04.1968 Andreas Baader, Gudrun Ensslin, Horst Söhnlein und Thorwald Proll werden wegen der Kaufhausbrände verhaftet.

04.04.1968 Dr. Martin Luther King, prominentester schwarzer Bürgerrechtler und Friedensnobelpreisträger, fällt in Memphis, Tennessee, einem Attentat zum Opfer.

11.04.1968 Attentat auf Rudi Dutschke. In den folgenden Tagen – es ist Ostern – gehen Zehntausende auf die Straße, um die Auslieferung von Springer-Zeitungen zu verhindern, die gegen die APO und gegen Rudi Dutschke im besonderen ein Pogromklima erzeugt haben. An den Ostermärschen nehmen rund 300 000 Menschen teil.

Mai 1968 Ausgangspunkt des »Pariser Mai« ist die Besetzung der Universität. Nach militanten Kämpfen der Studenten solidarisieren sich Arbeiter und Arbeiterinnen mit einem Generalstreik und einer gemeinsamen Demonstration mit einer Million Teilnehmern. Staatspräsident de Gaulle versichert sich in Deutschland der Loyalität der dort stationierten Truppen. Gaullisten, Staatsapparat und KPF gelingt es Ende des Monats, die im Entstehen begriffene Koalition zwischen Studenten, Arbeitern und Teilen der Mittelschicht zurückzudrängen.

28.06.1968 Die von der Großen Koalition beschlossenen Notstandsgesetze treten in Kraft

14.–31.10.1968 Kaufhausbrand-Prozeß in Frankfurt/Main. Die Angeklagten werden zu je drei Jahren Zuchthaus verurteilt.

07.11.1968 Während des Bundesparteitags der CDU ohrfeigt Beate Klarsfeld Bundeskanzler Kurt Georg Kiesinger wegen dessen früherer Tätigkeit für Goebbels' Reichspropagandaministerium.

13.06.1969 Bedingte Entlassung aller Angeklagten des Kaufhausbrandprozesses bis zur Entscheidung über den Revisionsantrag. Gudrun Ensslin, Andreas Baader und Thorwald Proll engagieren sich in der sog. Staffelberg-Kampagne für Heimzöglinge in Frankfurt.

15.-19.07.1969 Teilnahme am Knastcamp in Ebrach, bei dem sich viele Militante, nach denen später gefahndet wird, treffen. Einige von ihnen fahren über Italien in den Nahen Osten zur militärischen Ausbildung bei den Palästinensern.

01.09.1969 Im Rahmen der Großen Strafrechtsreform tritt eine erste Liberalisierung des § 175 in Kraft, die Sex zwischen Männern über 21 Jahren einerseits und zwischen Jugendlichen unter 18 Jahren andererseits nicht mehr unter Strafe stellt, das Wehrpflichtsalter von 18 –21 Jahren jedoch von Straffreiheit ausnimmt, um die Moral der Truppe nicht zu gefährden.

Während die Schwulenbewegung in den USA bereits im Juni 1969 nach dem Stone-

	wall-Aufstand in Gang kam, begann sie in Deutschland erst zwei Jahre später mit Rosa von Praunheims Film »Nicht der Homosexuelle ist pervers, sondern die Situation, in der er lebt«.
10.09.1969	Der BGH verwirft die Revision im Kaufhausbrandprozeß. Außer Horst Söhnlein gehen alle in die Illegalität. Andreas Baader, Gudrun Ensslin und Thorwald Proll fahren nach Paris. Einige Wochen später reisen Andreas Baader und Gudrun Ensslin nach Italien weiter. Thorwald Proll tritt später seine Reststrafe an.
21.10.1969	Willy Brandt wird Bundeskanzler einer SPD/FDP-Koalition.
Februar 1970	Andreas Baader und Gudrun Ensslin sind wieder in Berlin.
04.04.1970	Verhaftung von Andreas Baader in Berlin
04.05.1970	Willy Brandt gibt eine Amnestie für Demonstrationsvergehen bekannt, bei denen Strafen bis zu acht Monaten verhängt wurden.
14.05.1970	Während einer Ausführung zur Vorbereitung eines Buches und Besprechung mit Ulrike Meinhof im Sozialinstitut in Berlin-Dahlem wird Andreas Baader befreit. Der Institutsangestellte Georg Linke wird durch einen Lebersteckschuß schwer verletzt.
08.06.–05.08.1970	Die Gründungsmitglieder der ersten Generation der RAF fliegen über Berlin-Schönefeld nach Amman in ein PFLP-Trainingslager zur militärischen Ausbildung.

Nach ihrer Rückkehr wird eine illegale Struktur aufgebaut, zuerst in Berlin, danach auch in Großstädten in Westdeutschland. Das nötige Geld wird durch Bankeinbrüche beschafft. Es werden konspirative Wohnungen und Garagen angemietet, Waffen und Autos besorgt.

Am 05.06.1970 veröffentlicht die Zeitung »agit 883« eine Erklärung zur Befreiung von Andreas Baader mit dem Titel »Die Rote Armee aufbauen«. Im April 1971 erscheint die erste RAF-Schrift »Das Konzept Stadtguerilla«, im Mai 1971 die zweite: »Über den bewaffneten Kampf in Westeuropa«, die im selben Jahr im Wagenbach-Verlag erscheint mit dem Zusatz: »Kollektiv RAF«, im April 1972 die dritte: »Dem Volk dienen – Stadtguerilla und Klassenkampf« und die letzte im November 1972: »Die Aktion des Schwarzen September in München. Zur Strategie des antiimperialistischen Kampfes«. Im Juni 1971 erscheint außerdem eine von Horst Mahler ohne Absprache mit den anderen RAF-Mitgliedern verfaßte Schrift: »Die Lücken der revolutionären Theorie schließen«. Bekannt geworden ist sie vor allem, weil eine Teilauflage davon als Tarnschrift auf den Markt kam mit dem Titel: »Die neue Straßenverkehrsordnung«.

08.10.1970 Horst Mahler, Irene Goergens, Brigitte Asdonk, Ingrid Schubert und Monika Berberich werden in Berlin festgenommen.

10.02.1971 In Frankfurt kommt es zum ersten Schußwechsel mit der Polizei. Astrid Proll und Manfred Grashof entkommen. Die erste große bundesweite Fahndungsaktion.

15.07.1971 Großfahndung durch das BKA. In Hamburg wird Petra Schelm erschossen und Werner Hoppe verhaftet.

21.07.1971 Das Sozialistische Patientenkollektiv Heidelberg (SPK), eine antipsychiatrische Selbstorganisation von Patienten, wird zerschlagen. Dr. Wolfgang Huber, seine Frau Ursula und sechs weitere SPK-Mitglieder werden festgenommen.

01.09.1971 Horst Herold wird Präsident des BKA und computerisiert die Polizeiarbeit.

04.12.1971 Großfahndung in Berlin, bei der Georg von Rauch getötet wird.

22.10.1971 Der Polizist Norbert Schmid wird in Hamburg durch ein RAF-Mitglied getötet.

22.12.1971 Bei einem Bankraub der RAF wird der Polizist Herbert Schoner erschossen.

28.01.1972 Die Innenministerkonferenz beschließt den sogenannten »Radikalenerlaß«, der vor allem zu Berufsverboten gegen Lehrer führt.
Bei der Festnahme von Manfred Grashof und Wolfgang Grundmann in Hamburg kommt es zu einer Schießerei, bei der der Polizist Hans Eckardt getötet und Manfred Grashof schwer verletzt wird.
Thomas Weissbecker wird in Augsburg von einem Polizeibeamten erschossen.

31.05.1972 Unter der Leitung des BKA findet die »Aktion Wasserschlag« statt, an der sich 130 000 Polizisten beteiligen. Alle verfügbaren Hubschrauber sind im Einsatz, Autobahnzugänge und -abfahrten werden gesperrt und Personenkontrollen durchgeführt.

Nach fast zweijährigen Bemühungen, sich als bewaffnete Gruppe in der Bundesrepublik zu verankern, kommt es 1972 zur sogenannten Mai-Offensive der RAF:

11.05. Sprengstoffanschlag auf das Offizierskasino des V. US-Korps in Frankfurt, bei dem der Soldat Paul A. Bloomquist getötet wird.

12.05. Bombenanschlag auf die Augsburger Polizeidirektion und das Münchner Landeskriminalamt

15.05. Sprengstoffanschlag auf den Bundesrichter Buddenberg in Karlsruhe, bei dem Buddenbergs Frau schwer verletzt wird.

19.05. Bombenanschlag auf das Springerhochhaus in Hamburg, 17 Personen werden verletzt.

24.05. Anschlag auf das Europahauptquartier der US-Armee in Heidelberg. Drei US-Soldaten – Clyde L. Bonner, Ronald A. Woodward und Charles L. Peck – werden getötet.

Die Sprengstoffanschläge gegen US-amerikanische Militärbasen in Frankfurt und Heidelberg werden mit der Eskalation im Vietnamkrieg begründet, der Verminung des Hafens von Haiphong durch die US-Marine.

War die RAF als sogenannte Baader-Meinhof-Gruppe in ihrer Anfangsphase von einem Teil der Bevölkerung mit einer gewissen Sympathie wahrgenommen worden (eine Allensbach-Umfrage 1971 ergab, daß 10 Prozent der norddeutschen Bevölkerung bereit wären, ein gesuchtes RAF-Mitglied für eine Nacht zu verstecken), so kippte diese Haltung nach der Mai-Offensive 1972. Die Sympathisantenszene hielt dem öffentlichen Druck nicht stand und fast alle RAF-Mitglieder, die noch in Freiheit waren, wurden 1972 innerhalb weniger Wochen verhaftet:

01.06.1972 Andreas Baader, Holger Meins und Jan-Carl Raspe in Frankfurt
07.06.1972 Gudrun Ensslin in Hamburg
09.06.1972 Brigitte Mohnhaupt und Bernhard Braun in Berlin
16.06.1972 Ulrike Meinhof und Gerhard Müller in Hannover
09.07.1972 Klaus Jünschke und Irmgard Möller in Offenbach

31.05.1972 Auf einem Teach-in der Roten Hilfe in Frankfurt wird eine Tonbandaufnahme von Ulrike Meinhof abgespielt, auf der sie die »Mai-Offensive« der RAF erklärt.

22.06.1972 Der Bundestag verabschiedet erstens das Verfassungsschutzgesetz, das die Überwachungsmöglichkeiten erweitert und die Amtshilfe zwischen Gerichten, Behörden und dem Bundesverfassungsschutz einführt, und zweitens das Bundesgrenzschutzgesetz, das dem BGS umfassende polizeiliche Befugnisse im Inland einräumt.

05.09.1972	Ein Kommando des »Schwarzen September« (eine militante Gruppe innerhalb der PLO) überfällt während der Olympischen Spiele in München das Quartier der israelischen Mannschaft, erschießt sofort zwei Sportler und nimmt die anderen neun als Geiseln. Bei einer mißglückten Befreiungsaktion auf dem Flughafen Fürstenfeldbruck werden die neun israelischen Geiseln, fünf der acht Palästinenser und ein Polizist getötet. In der Folge rüstet Innenminister Genscher den BGS mit der Einrichtung einer Spezialeinheit (GSG 9) auf.
09.11.1974	Holger Meins stirbt nach acht Wochen Hungerstreik.
10.11.1974	In Westberlin wird der Kammergerichtspräsident Günther von Drenkmann von einem Kommando der »Bewegung 2. Juni« ermordet.
26.11.1974	Auf Beschluß der Innenministerkonferenz findet eine großangelegte bundesweite Fahndungsaktion, die »Aktion Winterreise« statt.
18.12.1974	Der Bundestag verabschiedet das Gesetz zur Ergänzung des Ersten Gesetzes zur Reform des Strafverfahrensrechts. Es begrenzt die Zahl der Wahlverteidiger, regelt das Verbot der Mehrfachverteidigung und den Verteidigerausschluß, ermöglicht, die Hauptverhandlung ohne die Angeklagten durchzuführen und verschärft das Ordnungsstrafrecht.
20.01.1975	Im »Spiegel« erscheint ein Interview mit den Stammheimer Gefangenen.
27.02.1975	Die »Bewegung 2. Juni« entführt den Westberliner CDU-Vorsitzenden und Bürgermeisterkandidaten Peter Lorenz zwei Tage vor der Wahl. Am 3. März werden fünf po-

litische Gefangene in Begleitung von Pfarrer Heinrich Albertz nach Aden ausgeflogen und Peter Lorenz freigelassen.

24.04.1975 Das »Kommando Holger Meins« der RAF besetzt die Deutsche Botschaft in Stockholm und fordert die Freilassung von 26 politischen Gefangenen. Zwei Botschaftsangehörige – Andreas von Mirbach und Heinz Hillegaart – werden erschossen. Daraufhin stürmt die Polizei das Gebäude. Zwei Kommando-Mitglieder – Ulrich Wessel und Siegfried Hausner – sterben.

25.04.–09.05.1975 Die Besucherzellen von Stammheim werden abgehört.

30.04.1975 Kapitulation der USA in Vietnam

22.04.1976 Das 14. Strafrechtsänderungsgesetz tritt in Kraft. Es stellt die »verfassungsfeindliche Befürwortung« von Gewalttaten und die »Anleitung« dazu unter Strafe (§§ 88a, 130a).

24.06.1976 Das »Anti-Terror-Gesetz« wird im Bundestag verabschiedet. Das Gesetzespaket beinhaltet viele neue Bestimmungen, u.a. den Straftatbestand der »Bildung einer kriminellen Vereinigung« (§ 129) und die Möglichkeit, den Schriftverkehr zwischen Verteidigern und politischen Gefangenen zu überwachen.

09.05.1976 Ulrike Meinhof wird tot in ihrer Zelle in Stammheim aufgefunden.

27.06.–04.07.1976 Ein Airbus der Air-France mit 257 Passagieren, darunter 83 Israelis, wird auf dem Flug von Tel Aviv nach Paris durch ein palästinensisches Kommando entführt und landet in Entebbe/Uganda. Unter den sieben Entführern sind auch zwei Deutsche – Wilfried Böse und Brigitte Kuhlmann, die sich daran beteiligen, die israelischen Geiseln von den anderen zu trennen. Die Entführer verlangen die Freilassung von 53 politischen Gefangenen, darunter sechs Deutsche. Bei der Befreiung der Geiseln durch ein israelisches Kommando werden alle Entführer erschossen.

07.04.1977 Generalbundesanwalt Siegfried Buback wird zusammen mit seinem Fahrer Wolfgang Göbel und Goerg Wuster, Chef der Fahrbereitschaft der Bundesanwaltschaft, von einem RAF-»Kommando Ulrike Meinhof« ermordet.

30.07.1977 Der Vorstandsvorsitzende der Dresdner Bank, Jürgen Ponto, wird bei einem mißglückten Entführungsversuch durch ein RAF-Mitglied erschossen.

05.09.1977 Der Präsident des Bundesverbandes der Deutschen Industrie und der Bundesvereinigung der Deutschen Arbeitgeberverbände, Hanns-Martin Schleyer, wird durch ein RAF-»Kommando Siegfried Hausner« entführt. Bei der Schießerei werden sein Fahrer Heinz Marcisz und die Sicherheitsbeamten Reinhold Brändle, Roland Pieler und Helmut Ulmer von den Entführern erschossen. Sie fordern die Freilassung von elf Gefangenen aus der RAF und die Ausreise in ein Land ihrer Wahl. In Bonn werden Krisenstäbe unter Vorsitz von Bundeskanzler Helmut Schmidt gebildet. Am 07.09.1977 wird über 72 politische Gefangene die Kontaktsperre verhängt, die erst einen Monat später legalisiert wird.

13.10.1977 Eine Boeing der Lufthansa mit deutschen Urlaubern aus Mallorca wird von einem palästinensischen Kommando entführt, das die Forderung der Schleyer-Entführer unterstützt. Die Entführer töten am 16.10.1977

	den Piloten Jürgen Schumann und werfen ihn auf das Rollfeld in Aden. Am 17.10.1977 stürmt die GSG 9 in Mogadischu die Boeing und befreit die Geiseln. Drei der vier Flugzeugentführer werden bei der Aktion erschossen.
18.10.1977	Am Morgen werden Gudrun Ensslin erhängt und Andreas Baader erschossen in ihren Zellen gefunden. Jan-Carl Raspe erliegt einer Kopfschußverletzung im Krankenhaus. Irmgard Möller überlebt ihre Stichverletzungen.
19.10.1977	Hanns-Martin Schleyer wird von den Entführern ermordet.

Haftzeiten Gudrun Ensslins:

05.04.1968–13.06.69	Frauenhaftanstalt Frankfurt-Preungesheim
07.06.1972	Verhaftung in Hamburg, Einlieferung in die JVA Essen
05.02.-28.04.1974	im Toten Trakt (Frauen-Psychiatrie) der JVA Köln-Ossendorf, zusammen mit Ulrike Meinhof
28.04.1974–18.10.1977	in der JVA Stuttgart-Stammheim

Gegen die von Anfang an verhängte Isolationshaft, die in unterschiedlicher Schärfe gegen Gefangene aus der RAF verhängt wurde, wehrten sich die Gefangenen mit verschiedenen Hungerstreiks. Die Forderungen der ersten beiden Hungerstreiks waren u.a. die Aufhebung der Isolationshaft und Integration in den Normalvollzug. Als sich das nicht durchsetzen ließ, erhoben die Gefangenen im dritten und längsten Hungerstreik u.a. die Forderung nach Zusammenlegung zu interaktionsfähigen Gruppen (mindestens 15 Personen) – das war die Forderung vieler fachärztlicher Gutachter, die von den Gerichten in den Prozessen bestellt wurden – und die Aufhebung aller Sonderbehandlungen, die als Sicherheitsmaßnahmen in unterschiedlichem Umfang verhängt wurden. Die Forderung des vierten Hungerstreiks war u.a. eine Behandlung, die den Mindestgarantien der Genfer Konvention von 1949 entspricht, also der Status von Kriegsgefangenen, außerdem erneut die Abschaffung der Isolation und Zusammenlegung zu interaktionsfähigen Gruppen. Nachdem der Stammheimer Gefängnisdirektor am 30.04.1977 den Stammheimer Gefangenen eine »verbindliche Erklärung des Justizministeriums« mitgeteilt hat, daß »unter Berücksichtigung der Forderungen der medizinischen Gutachter sofort eine Konzentration politischer ... Gefangener ... in die Wege geleitet wird,« brechen die Gefangenen den Hungerstreik ab. Tatsächlich werden einige weitere RAF-Gefangene nach Stammheim verlegt. Am 5. August 1977 kommt es im 7. Stock zu einer Schlägerei zwischen einem Rollkommando und den Gefangenen, die zur Folge hat, daß die meisten der hinzugekommenen Gefangenen wieder zurückverlegt werden. Unter anderem dagegen richtet sich der fünfte Hungerstreik, der am 2. September abgebrochen wird, nachdem die RAF-Mitglieder draußen von den Gefangenen den Abbruch verlangt hatten. Es beginnt der »Deutsche Herbst«.

Hungerstreiks, an denen Gudrun Ensslin beteiligt war:

1. 17.01.–16.02.1973
2. 08.05–29.06.1973
3. 13.09.1974–05.02.1975 (09.11.1974: Tod von Holger Meins)
4. 29.03.–30.04.1977 (abgebrochen)
5. 09.08.–02.09.1977 (abgebrochen)

Der Stammheim-Prozeß:

21.05.1975	Beginn des sogenannten Stammheim-Prozesses, der in einem eigens dafür errichteten »Mehrzweckgebäude« unmittelbar neben der Haftanstalt stattfindet.
03.06.1975	Die Anwälte Klaus Croissant, Kurt Groenewold und Hans-Christian Ströbele werden von der Verteidigung ausgeschlossen.

23.06.1975 Croissant und Ströbele werden verhaftet und ihre Kanzleiräumeräume durchsucht. Ströbele kommt im Juli frei, Croissant wird am 12.08.1975 gegen eine Kaution von 80 000 DM und Auflagen freigelassen.

18.06.1975 Andreas Baader verliest eine Erklärung der Stammheimer Gefangenen zur Isolationshaft.

30.09.1975 Es wird ohne die Angeklagten verhandelt.

13. und 14.01.1976 Die Angeklagten geben eine »Erklärung zur Sache« ab.

20.01.1976 Prof. Axel Azzola, Verteidiger von Ulrike Meinhof, stellt für die Angeklagten einen Antrag auf Kriegsgefangenenstatus. Am selben Tag legt der Vorsitzende Richter Prinzing sein Amt wegen Befangenheit nieder. Sein Nachfolger wird der Beisitzende Richter Foth.

28.04.1977 Prozeßende. Bei Verlesung des Urteils sind von den ursprünglich fünf Angeklagten zwei bereits tot: Holger Meins starb am 09.11.1974 an den Folgen des dritten Hungerstreiks und Ulrike Meinhof wurde am Morgen des 9. Mai 1976 tot in ihrer Zelle aufgefunden. Das Urteil gegen die drei übrigen Angeklagten – Andreas Baader, Gudrun Ensslin und Jan-Carl Raspe – lautet für alle lebenslänglich, wurde aber durch den Tod aller Angeklagten am 18.10.1977 nie rechtskräftig.